JN025721

どう伝えればわかってもらえるのか?

部下に届く言葉がけの正解

吉田幸弘
Yoshida Yukihiro

ダイヤモンド社

はじめに

いいリーダーはいい言葉を持っている

「もっと強い意識を持っていこう」と言ったのに、いつまで経っても変わってくれない。

「チームのことを考えて行動すれば評価は上がる」と伝えたのに、自分の仕事しかしない。

部下にアドバイスをしたのに、

「思ったのと違う伝わり方になってしまった」

「何度言っても変わらない」

「伝えたかったことと違う動きをされて困った」

といった経験はありませんか。

「伝えたつもりが伝わっていなかった」というコミュニケーションの問題は日々起きています。

現在、私は経営者・管理職向けに部下育成やリーダーシップ、チームビルディングなどに関する研修や講演を、大手企業から商業団体、官公庁に至るまで年間１００回以上行っています。受講していただいた方の数は3万人を超えました。

私自身、研修やコンサルティングなどを通して、部下にどういう言葉を使ったらいいかに悩むリーダーを数多く見てきました。

言葉は「武器」にもなるし、「凶器」にもなります。

いい言葉は部下のモチベーションを上げ、成長を加速させます。

その一方で、言葉が部下との信頼関係を壊してしまう例は枚挙に暇がありません。

さらに、新型コロナウイルスの感染拡大に伴い、世界中でリーダーの発言に注目が集まりました。

きちんと納得感のある言葉を伝えるリーダーもいれば、曖昧な言葉で伝えるリーダーもいて、「言葉」の重要性が高まっていると感じた方も多いのではないでしょうか。

これらが示すのは、**心を動かす「言葉がけ」のできるリーダーに部下はついてくる**ということです。

言葉がけ次第で、リーダーの力量に差が出てしまうのが明らかになったといっても過言ではありません。リーダーは「言葉」を磨く必要があるのです。

しかし、「言葉」が重要だからといって、ただ単に伝えればいいわけではありません。

同じ内容であっても、「言葉」次第で相手への伝わり方は変わってきます。

リーダーからすると、

「よかれと思って発した言葉が、非常に辛い言葉として部下に受け止められた」

「普通に注意したつもりが、部下は強く叱られたと感じている」

というズレが起きています。

「言葉」をかける前に、自分の発する言葉が相手にどのような影響を生むのか、客観的な視点でシミュレーションする必要が出てきました。

リーダーも環境の変化で悩んでいる

めまぐるしく変わる環境の中、ビジネスモデルの寿命も短くなり、成果も短期間で求められるようになりました。

かつては入社後、一定の期間は戦力にならなくても長い目で見ようという風潮がありましたが、そういう余裕が今の企業にはありません。

早くから結果を求められる時代であり、短期間で成果を求められる時代になりました。

さらに、働き方改革が推奨され、短い時間で仕事を完了させなければならなくなりました。その割には、仕事量が減らないどころか、反対に増えています。プレイヤーとしての仕事を抱えながら、部下へ仕事を振れないことで、リーダーは時間がなくなるだけにとどまらず、責任ばかりが増しています。

そして、リーダーたちを悩ますのはハラスメント問題です。「〇〇ハラ」という言葉をニュースでもよく聞くようになりました。

以前はよくても、今は駄目。その基準もあいまいです。リーダーは部下に過剰な気配りをする必要が出てきました。

このような環境で、部下にどのような言葉を使って伝えれば、部下はわかってくれるのか、適切な行動をとってくれるのか、非常に難しい問題になっています。

リーダーのひと言が部下の成長の促進剤となる

私は、リーダーが幸せになれば、組織にいるメンバーも幸せになると日々伝えています。

リーダーの仕事は大変です。責任も増えてきます。

一方で、組織を大きく動かせる、やりがいのある仕事です。

ぜひ、あなたの言葉で部下を育成し、部下もチームも幸せにしてください。

ビジネススキルを磨くより、フレームワークを駆使するより、**リーダーのひと言が、部下を勇気づけ、やる気を後押しし、成長の促進剤となります。**

いいリーダーの下には、いい部下が必ずいるものです。

なお、本書は39項目の「リーダーの悩み」を、実際に現場で起きているケースから厳選してピックアップしました。

第1章は「仕事が遅い」部下に対して、第2章は「ミスが多い」部下に対して、第3章は「仕事を止める」部下に対して、どう改善したらいいかをテーマにしています。

各章の「遅い」「多い」「止める」の３つの問題は多くのリーダーが悩んでおり、この３

つが改善されれば部下に対する悩みは、ほぼ解決するといっても過言ではありません。

第4章は「イマドキ部下」に対して、第5章は「休みを気にする部下」に対して、どう接するのがいいのかを紹介しています。これらは、ここ数年、リーダーの方々との会話のなかで、話題に出てくる問題をまとめました。

どんな内容か知りたい方は、「リーダーの悩み」と「解決策」がワンセットになっている目次をまずはご覧ください。

内容によっては、「本当にこんなことが起きているの？」「ウチの会社ではこんなレベルの低いことは起きていないよ」と思うこともあるかもしれません。しかし、これらはすべて、企業が特定されないように一部改変しているものの、実際に現場のリーダーが抱えている問題なのです。


本書で取り上げた「言葉がけ」は、部下の本音をくみ取り、部下の行動を後押しするための言い方です。これは日々私自身が研修を通して伝えている言葉ですが、ぜひリーダーの皆さまに武器として活用していただければ幸いです。

第1章 仕事が遅い部下に効くリーダーの言葉がけ

第2章 仕事のミスが多い部下に効くリーダーの言葉がけ

第3章

仕事を止める部下に効くリーダーの言葉がけ

第4章

イマドキ部下に効くリーダーの言葉がけ

第5章
休みを気にする部下に効くリーダーの言葉がけ

第1章

仕事が遅い部下に効くリーダーの言葉がけ

01

◁ 残業させずに帰らせても、結局仕事は残ったまま。根本的な問題を解決できていない

やり残した仕事を明日以降、どうカバーさせていくかが大事

× 仕事に区切りをつけて帰らせる

○ 残りの仕事の目処をつけて帰らせる

2019年4月に「働き方改革関連法」が施行され、大企業では残業時間の「罰則付き上限規制」が定められました。中小企業では2020年4月から適用されました。

労働者の過労死等を防ぐため、残業時間を原則月45時間かつ年360時間以内、繁忙期であっても月100時間未満、年720時間以内（1年のうち6か月まで）にするなどの上限が設けられ、これを超えると刑事罰の適用もされます。

施行前から、定時退社を励行する会社も出てきました。過度な残業は、次の日のパフォーマンスにも悪影響が出てしまいがちです。

リーダーAさんは、お願いしていた仕事が定時になっても終わらない部下Cさんに ✕「**今日は終わろう。明日やればいいよ**」と優しく声をかけます。

定時退社が励行されているので、無理に残業させるわけにはいきません。

しかし、「早く帰る」ようには言ったものの、「成果を出すこと」と「定時退社」の両立が難しいと感じているリーダーの方は多いと思います。

どのように言葉がけしたら明日以降の仕事が進み、リカバリーすることができるでしょうか。

…›「これまで思考」から「これから思考」へ

シカゴ大学の心理学者ミンジョン・クーとアエレット・フィッシュバックの研究を紹介します。

大事な試験を控えた大学生を2つのグループに分け、グループ1には「憶えなければならないことが52％残っている」と伝えました。そしてグループ2には、「すでに48％は憶えた」と伝えました。

結果、グループ1のモチベーションはグループ2よりも格段に上がりました。

2人は、目標に対して「これまで思考」と「これから思考」の2つの視点があるといいます。

「これまで思考」とは「どこまでやり遂げたのか」に視点を向ける思考スタイルです。実験の例でいうと、グループ2の「48％憶えた」という点に目を向けています。

一方で、「これから思考」とは「あとどれだけやらなければいけないのか」に視点を向ける思考スタイルです。実験の例でいうと、「52％残っている」という点に目を向けています。

実験の通り、**「これまで思考」より「これから思考」で未来に目を向けるほうがパフォーマンスは必然的に上がります。**逆に、「これまで思考」は気を緩めてしまうのです。

このケースでは、リーダーAさんの「今日は終わろう。明日やればいいよ」は、早く帰るように言ったつもりなのに、部下Cさんは「これまで思考」に陥っています。「今日の仕事はここまでで大丈夫だったんだ」と脳が思ってしまうのです。

翌日、昨日の続きから手をつけますが、問題なのは何も変わっていないことです。仕事のペースを上げるためにやり方を工夫することはなく、それではパフォーマンスはよくなりません。なぜなら、Aさんの言葉が「これまで思考」で「今のままで大丈夫」と感じさせるものだからです。

ですから、明日以降のパフォーマンスを上げるためにも、「これから思考」の視点を持たせる必要があります。それには、定時に近くなったときに、**「今日は終わろう。残り5分で明日以降、どう進めていくかを考えよう」**と伝えればいいのです。その5分でフィードバックを行います。

「現時点での状態はこれで残りはこれだけある。明日以降どうリカバリーしていくか」と**「これから思考」で気づきを与え、一緒に考えていきます。**

また、これまでの作業で気づいたいいやり方があれば、「明日以降使っていこう」と話します。

翌日は、前日話した改善点を踏まえて、やり残したパートに取り組みます。当然、パフォーマンスも上がるわけです。

1日の終わりにフィードバックを

1日の終わりに部下が自らフィードバックし、翌日以降、「これからどう改善するか」を考えることは非常に効果的です。「これから思考」は仕事が遅れているか否かにかかわらず、**翌日以降の仕事をスムーズに進める意味でも有効**なのです。

翌朝、仕事に取りかかろうとしてもエンジンがかからない、気持ちが乗ってくるまで時間がかかるといったロスを最小限に抑え、前日の終了時点と同じフローの状態で仕事に取り組めるという効果もあるのです。

残業の規制が強化されている今日、「これから思考」を意識し、今日1日得た経験を内省し、そこから得られる学びを明日以降に生かしていくことは部下の成長にもつながります。

ただし、ここで注意したいのは、わざわざ報告させるなどの手間をかけないことです。

フィードバックに使う時間はもちろん5分以内です。そうでなくては継続できません。

ポイントも、「今日、時間配分がうまくいかなかった要因は?」「今日やってみて思ったより時間がかかったなと思ったことは?」という、今日の仕事に対する内省・気づきと、「明日以降、取り入れたいことは?」「明日以降、注意したいことは?」といった明日以降、どう生かすかの2つに絞ります。

このように、部下自身で自問自答することで、時間に対する意識を持ち、常に工夫を生み出そうと考えるのです。たまに、リーダーからも前述の質問をしていくといいでしょう。

そうすることで、翌日スムーズに仕事を始められ、スピードもだいぶ速くなります。結果、残業せずに、今まで以上の仕事量をこなせるようになっていくのです。

ポイント

1日の仕事を終える前に、次の日は仕事をどう進めていくかを常に意識させることで、仕事への取り組み方が変わっていく

02

◁ 仕事の優先順位がどうもおかしい。
締め切りに追われるスタイルを変えられないだろうか？

「成果」と「実現度」の軸で大事な仕事を後回しにさせない

✕「重要度」を優先する
〇「成果」を優先する

1人当たりの業務量が増えているなかで、働き方改革の影響もあり、短い時間で成果を求められるようになりました。仕事量が増えているのに、仕事に費やせる時間が少なくなったわけですから、当然、時間を有効に使う必要があります。

もちろん一つ一つの仕事の効率性を高めていくことも必要ですが、それでもすべての仕事を就業時間内でさばくのは難しいでしょう。

大切なのは**「仕事の優先順位づけ」**です。

仕事はつい、締め切りが迫っているものから先に処理しがちです。しかし、そのような仕事の進め方をしていると、いつまで経っても目先の仕事に振り回されます。期限は定まっていないものの、成果に結びつく仕事（来年度の大口顧客へのコンペのプレゼンの準備やホームページの改訂など）や、まとまった時間を必要とする仕事に取り組むことができません。

これはすべて、仕事における優先順位のつけ方がわからないことに起因しています。

⋯➜ 重要度を判断させるのが難しい

仕事の優先順位をつけるときによく使われるのが、『7つの習慣』（スティーブン・R・コヴィー著、フランクリン・コヴィー・ジャパン訳、キングベアー出版）にある、「重要度」と「緊急度」という2つの軸を使って4つの象限に分けていく方法です。

①重要度も緊急度も高い仕事

②重要度は高いが、緊急度は低い仕事
③重要度は低いが、緊急度は高い仕事
④重要度も緊急度も低い仕事

まずは、重要度を重視して、優先順位をつけるようにしていくべきです。もちろん、①の仕事が最重要です。

次に、後回しにしがちな「②重要度は高いが、緊急度は低い仕事」です。時間が経過するにつれて、「①重要度も緊急度も高い仕事」になっていくので、先にやったほうがいいのです。

たとえば、来期の商品のラインナップを11月までに完成させなくてはならないとします。この仕事は7月の時点では、②の象限ですが、9月に入れば、①の「重要度も緊急度も高い仕事」になるわけです。

たいていのリーダーは、**「何が重要かをきちんと見極めていこう」「急ぎの仕事に振り回されないように」「余裕を持って仕事を進めていかないといけないよ」**と、部下に言い続けます。

しかし、リーダーが思うようには、部下は優先順位をうまくつけられないものです。リーダーからすると、重要だと思っていた仕事が後回しにされることが少なくありません。

なぜなら、それはリーダーと部下の間に認識の違いがあるからです。仕事に対する思い入れや重要に感じるポイントは人それぞれ。重要度の高低を誤りがちです。リーダーからすると、「重要度も緊急度も高い仕事」が後回しにされている問題が起きています。

私が思うに、「重要度」というのは抽象的で、判断軸にするのが非常に難しいのです。

仕事の優先順位がわかる

そこで、重要度の基準を「成果」と「実現度」という2つの視点で4つの象限に仕事を分けたうえで、①②③④のように、優先順位をつけるようにアドバイスします。

①成果が大きく、実現度が高い仕事
②成果は大きいが、実現度が低い仕事
③成果は小さいが、実現度が高い仕事
④成果が小さく、実現度が低い仕事

まずは、**成果の大きさを基準にして優先順位を決めます。**

100万円の売上が立つ仕事と2000万円の売上が立つ仕事なら、後者の仕事が重要ということです。

リーダーが明確な基準を設けたうえで、**「売上につながるか。コスト削減になるか。数字で判断しよう」**と伝えれば、部下は4つの象限に当てはめなくても、どの仕事を優先したらいいかがわかります。

「実現度」も忘れてはいけません。期限がタイトであったり、必要な人員を確保できなかったりするような仕事は後回しにするかやめるかにします。

やがて、部下の優先順位のつけ方も改善されました。

「これやって。あれやって」だと、部下は言われたことだけをやる、指示待ち人間になってしまいます。ある程度、**考えさせる余地を持って接することが大事**です。

成果と実現度を示した結果、「重要度も緊急度も高い仕事」が後回しにされることなく、効率的に進められるようになったのです。

また、部下が重要な仕事を後回しにして、質の低いものを慌ててつくるということもなくなりました。

さらに、部下がしっかり優先順位をつけられるようになったことで、緊急度は高くなくても本来重要な仕事を優先で進め、成果にも結びつくようになっていくのです。

ポイント

何が重要なのかは必ずしもリーダーと部下の間で一致しない。「成果の大きさ」「実現の可能性」で考えてもらおう

03

◁ 仕事の質を高める姿勢は評価するが、やる気をそのままに時間を短縮させることはできないものか？

不要な仕事を見極めてもらい、思考時間を短くし、制限をかける

✕ 仕事を「速く」する
〇 仕事を「早く」する

残業には弊害があります。頑張るのはいいことですが、残業で疲れがとれず、翌日の仕事の質を下げる可能性があります。できるだけ仕事は時間内に終わらせるべきです。

人材サービス会社の企画部に所属するリーダーAさんは遅くまで残業をしている部下Cさんに対して、「もっと早く仕事を終わらせて残業をなくせないか」と悩んでいました。

Cさんは非常に真面目で、何でもかんでも「わかりません」などとリーダーに頼ってくることはなく、自分で考えて仕事を完成させようとしていました。

むやみにリーダーに頼らず、自分で考えて取り組む責任感は素晴らしいものです。

先日も企画書の作成をお願いしたところ、期日には間に合ったものの、前日夜遅くまで残業をしたようです。

質の高い成果物で問題はないのですが、もう少し早く完成させられたのではないかと思い、企画書を作成するうえで、「どこに時間がかかったのか」をヒアリングしてみました。

すると、キャッチフレーズを考えるのに時間がかかり、いいフレーズがないかをサイトなどでチェックしていたら、半日を費やしてしまったそうです。

真面目であるがゆえに、何とかしてあげたいとAさんは強く思っていました。


まず考えられるのは、「Cさんの仕事量が多いのではないか」ということですが、Cさんが抱えている仕事量はそこまで多くなく、丁寧すぎ、こだわりすぎて時間がかかっているようでした。

こういった真面目で完璧主義な部下にはどのように対応したらいいでしょう。

ここで絶対に言ってはいけないのは、**「作業のスピードを速めよう」**です。漠然と言ってはいけません。次のことを意識して言葉をかけましょう。

不要な仕事を見極める

完璧主義の部下のなかには不必要な部分にこだわっている人もいます。

たとえば、社内会議提出用の資料で必要以上にデザインにこだわる、会議で上層部が判断するのに必須でないデータまで作成してしまうなどがあります。

これらは不要です。不要な仕事は意識して削減していかねばなりません。

部下の仕事を見て気づいたら、**「重要な部分」と「不必要な部分」を伝えていく**ようにしましょう。

時間の制限を設ける

このように企画書や資料を作成する場合、資料全体の構成や流れを考える時間である「思考時間」と、実際にＰＣなどで入力・作成する「作業時間」の２つに分かれます。

作業時間は、不必要な仕事を見極めることである程度減らすことができます。

しかし、作業効率の改善を意識してある程度減らすことはできても必要以上に速くしようとするとミスが起こる可能性が高くなります。

たとえば1時間かかっていた仕事を効率性だけで30分に短縮することは難しいでしょう。

そこで、重点的に減らすのは「思考時間」になります。

思考業務はもちろん重要ですが、**思考時間が短くても質の高いアウトプットになるようにします。**

イギリスの歴史学者であり社会生態学者、経済学者でもあるシリル・ノースコート・パーキンソンが提唱した「パーキンソンの法則」によれば、「仕事の量は、その仕事の完成のためにある時間をすべて満たすまで膨らんでしまう」とされています。

制限をかけないと、人はぎりぎりいっぱいまで時間をかけてしまうそうです。

ですから、**思考業務に時間の制限をつける**のです。

そうすることで、時間内で何とかしようとします。

結果、作業の開始時期を早くできるのです。

仕事を「速く」するのではなく、「早く」するのです。

Cさんの例でいえば、**「考える時間はいつまでと区切って、作業のスタートを早めよう」**とアドバイスするのです。

思考時間に「締め切り効果」を設定することで、Cさんの仕事は大きく変わります。

Cさんはその後、自分の仕事の中で不必要な仕事をリストアップし、減らしていきました。結果、仕事の質は下げずに残業時間を減らすことができるようになったのです。

このように、**作業の開始を早めるようアドバイスするだけで、部下の仕事時間は大きく変わります。**この方法なら完璧主義を否定しているわけではないので、部下も納得して改善に取り組みます。

「速く」を意識させるのには限界がありますし、ミスが生じる可能性もあります。しかし、「早く」なら、質が悪くなることもありません。リーダーは「作業のスピード」ではなく、「作業のスタート」を部下に徹底させましょう。

ポイント

「思考時間」に締め切り効果を使えば、仕事時間の圧縮につながる

04 手戻りやり直しを減らすためにも報告をポジティブな場にする

◁もっと早い段階で報告してくれたらいいのに……

× 報告はリーダーのためにあると考える

○ 報告は部下のためにあると考える

「新商品説明会の資料作成を頼んだ。締め切り前日に提出されたものの、思っていたものとだいぶ違い、徹夜で修正を余儀なくされた」

「役員会で提案する新プロジェクトの提案書を部下に頼んだ。3日前に上がってきたが、内容が稚拙で、自分が修正する羽目になった」

このような事態が起きてしまい、はじめから自分でやっておけばよかったと苦悩するリーダーたちを見てきました。しかし、**「任せる」は部下育成に必要なこと**です。

どちらのケースも、期限ぎりぎりではなく、もっと早い段階で確認しておけば、リーダーが苦労することはなかったでしょう。

報告は何のためにあるのか？

全国展開している教育機関の広報部に所属していたリーダーAさんは、期限の定まっていない仕事や、部下にとって初めて取り組む仕事をお願いするときは、期限を設けます。

ただ、部下に自主性をできるだけ持たせたいと考え、進捗状況を知らせる中間報告の時期を含めて、すべて部下に任せるようにしていました。

しかし、期限ぎりぎりになって、部下がドタバタすることが多く、**「もっと早めに報告が欲しい」**と伝えました。


修正に要する時間などを考えて早めに中間報告に来てほしいのに、ハラハラします。

中間報告をおろそかにする部下はいますが、その真意が伝わっていないのでしょう。

そもそも、リーダーがただ安心するための中間報告はありません。**部下からの報告を受**

けて、必要であれば計画を修正するためのものです。また、**「任せっきりにせず一緒にやっていく」、リーダーとしての責任の意思表示でもある**のです。

このケースでは、部下が「報告は何のためにするのか」をわかっていないことが問題でした。

報告が遅いために、方向性がずれていることが期限ぎりぎりに判明するようでは、手戻りややり直しの時間が余分にかかってしまいます。冒頭の例のように、徹夜になってしまったり、ひどい場合には期限に遅れてしまったりする可能性が出てきます。

そこで、**中間報告のタイミングを最初に任せるときに決めておく**のです。

一番いい方法は、**「ある程度キリのよい時点」**、あるいは、**「■■日の▲▲時に確認する」**など、時期をしっかり決めておくことです。

この方法で中間報告はされるようになりました。ただ、これだけでは、「報告は何のためにするのか」が部下に理解されていなかったため、イメージと全然違う成果物が上がってくることが多かったのです。

手戻りや作業時間の見積りミスを最小限にしたい

その一方で、リーダーBさんのチームは、中間報告でイメージしていたものとほぼ近い成果物が上がってきました。

Bさんは、中間報告の前に、もう一つの期限を設定していたのです。

部下に仕事を任せるときに、「**次回の報告時にやり直しして時間を取られるのはお互いのためにならない。解釈にズレがないか、取りかかる前に確認しようか。**1時間後に、成果物のイメージがつくラフ案とざっくりしたスケジュールを作って持ってきて」とお願いしていたのです。

指示した直後、完成イメージと全工程のスケジュール、それらを改めて確認するための中間報告の時期を決めていたのです。

1時間後に確認することで、手戻りや作業時間の見積もりミスなどを最小限にできます。また、間違って解釈されている部分がないかを確認したり、どの工程が難しそうか、時間がかかりやすいかなども明確にしたり、対策を練ったりすることもできます。

リーダーAさんのチームでは、中間報告がダメ出しされるネガティブなイベントになっていたので、ある程度できるまで部下が報告に来ませんでした。結果、リーダーの意図とだいぶズレているものができあがり、直すのに時間をとられるなどの無駄も多く生じました。

リーダーBさんのチームは、部下の考えた方向性とリーダーの考えている方向性の違いに最初に気づけたので、その時点ですり合わせをしておくことで、中間報告でダメ出しすることはなく、無駄が生じませんでした。

中間報告という言葉が与える印象にもよるかもしれませんが、**部下の考えを後押しする場というイメージが共有できれば、部下も早めに報告してくる**のではないでしょうか。

ポイント

報告がダメ出しの場にならないように注意。報告の目的をしっかり伝えて、時間の浪費を避けよう

05

◁何でもかんでも聞いてくる心配性の部下を一人立ちさせたい

判断力を伸ばすことで自分で考えて行動する部下に育てる

✕ 部下の判断に任せる

○ 部下が判断しやすいように基準を与える

仕事を任せたとき、何度も質問してくる部下がいます。

部下が質問してくるのは非常にいいことですが、何度も相談されるとリーダーの時間が奪われてしまいます。

これまで紹介したタイプとは違い、新たな問題が発生しました。仕事の手戻りや修正に時間を取られるよりはいいのですが、何でもかんでも聞いてくる部下に対して、いつも丁寧に答えていては部下の成長は望めません。

本章の「『成果』と『実現度』の軸で大事な仕事を後回しにさせない」にあった問題と似ていて、どこまで自分でやっていいのかの判断軸がないからです。

× **「自分の判断で進めてもらっていいよ」**とたびたび伝えたところで、なかなか変わりません。部下からすると、「間違ったことをしたくない」と考えて質問してくるのです。

このように、部下がリーダーに判断を細かく求めるのは、リーダー側に原因があります。

部下に自分で考えてもらうためには、次の点に注意していきましょう。

…› 判断基準を明確にする

○ **「●●以外は自分で考えよう」**と、**判断基準を明確にする**ことです。

そもそも部下がリーダーに判断を仰いでくるのは、「判断していい部分・権限の範囲が不明確」だからです。部下との間で委譲する権限の範囲を明確にしておくことが大切です。

また、「部下が判断に悩む部分」は予想がつくものです。そのような場合はどうしたらいいかの手がかりをあらかじめ与えておきましょう。

部下に質問を返してみる

「どうしたらいいですか？」と判断を仰がれたら、できるだけその場で教えないことです。**「どうしたらいいと思う？」**と反問してみます。もちろん部下もわからないから聞いているのですが、大事なのは**「間違っていてもいいから、自分の意見を言ってもらう」**ことです。

部下ができるだけ自分で考えて意見を言うように習慣づけていきましょう。そのうえで、方向が違っていれば修正していけばいいのです。

なお、大事なポイントとして、たとえ部下が自分の考えていることと異なった意見を出してきても、**即座に否定しない**ことです。**「そう思ったか」「そんな考え方もあるね」などと、まずは肯定します。**

そのうえで、**「私ならこうする」と自分の考えを伝えればいい**のです。

叱責しない

どれだけ権限の範囲を明確にしても、指示を明確に出したつもりでも、行動して新たに必要なものに気づくこともあり、工程全体を事前に完璧に把握することはできません。

新たな事象までリーダーがすべて把握するのは無理があります。その部分は、部下に自分で判断して動いてもらうしかありません。

その際、**部下が自分で考えて行動したことに対しては、叱責しない**ことです。そのうえで、**「次回からはこう判断したらどうだろう」とフィードバックしていけばいい**のです。

以上の点を意識して接すれば、部下が自分で判断して動いてくれるようになります。**判断力をつけることで、部下の成長も加速していきますし、リーダーの時間も取られなくてすむ**ようになります。

ポイント

部下に考えさせる判断基準を与えよう。たとえ間違ったとしてもすぐに否定せず、部下が判断して行動したことには叱責しない

06

◁口ではいいこと言うが、行動に移さない部下の意識を変えたい

意識を変えて行動させるのではなく行動させて意識を変える

✕ 意識改革に着手する

〇 行動改善を促す

大手生命保険会社の管理職の方から、研修の修了後にある相談を受けました。

口では新規顧客の開拓をどんどんすると言っているが、行動に移さない部下がいるとのこと。普段からもっと高い意識を持って行動するように伝えているものの変わらず、何とか意識改革をできないかという相談でした。

残念ながら、ここですでに間違っています。

「結果を出すためには行動を改善する必要がある。そのためには部下の意識改革をする必要がある」と思っているリーダーは多いものです。

多くのリーダーが、パフォーマンスの悪い部下に対し、**「もっと高い意識を持っていこう」**と意識改革をしようとしているのを見てきましたが、うまくいったケースはほとんどありません。

そもそも、**自分の意識を変えるのが難しいので、他人の意識を変えるのはもっと難しい**のです。

トップセールスでさえ意識に頼らない

かつて、常に安定して成績を残し、入社1年目から7年連続で年収1000万円超えのトップセールス3人にこう聞いたことがあります。

「正直なところ、モチベーションが下がっているときはありますか？」

3人とも「ある」と答えます。

さらに、「新規開拓が面倒に思うことはありますか？」と尋ねます。

3人とも苦笑いしながら「ある」と答えます。

特に、嫌なことがあったときに、そう思うようです。

「今日は大雨で通勤途中に濡れてしまった」「通勤中に歩きスマホをしながらぶつかってきた人がいた」「お客様に夜遅くまで付き合って寝不足だ」など、むしろトップセールスでも面倒だと思う日のほうが多いくらいだそうです。


それでも、**まずは1件、行動する**そうです。

そうすることで、**自然に「仕事モード」に入っていける**ようです。

精神医学者のエミール・クレペリンによると、意欲があってもなくても、あることを始めれば、人間の脳の側坐核《そくざかく》という部分が興奮を始め、次第にそのことに没頭できる意欲をつくり出してくれるそうです。それを**「作業興奮」**といいます。

人間の体と心は、エンジンがかかると自動的に動き出す機械のように、**いったん始めさえすれば、それがきっかけとなって嫌なことでも動き続けられる**そうです。


このように、トップセールスだって「意識」に頼っていないのです。

仕事ができる人はモチベーションに頼らずに、まずは行動しようとします。

行動してみると何とかなることは少なくありません。

ならば、「意識」を改革するのではなく、「行動」を変えるように取り組めばいいのです。

最初の一歩を支援する

だからといって、いきなり1人で「行動」に移すのは難しいでしょう。

思っている以上に、人は最初の一歩が踏み出せないものです。

部下に動いてもらうためには、何をやるかを自分で考え、行動に移せるように導きましょう。


口ではやると言っているのに行動が伴わない「口だけ部下」は確かにいます。むしろ、そういう人のほうが多いくらいです。

このような部下には、リーダーが、**「とりあえず、やってみようか。何から始める?」**と、言いましょう。


人は、「自らやる」と言って動き始めたことに対しては一貫性を保とうと行動し続ける傾向があります。
まずは、「全体のスケジュールを作成するために必要なタスクを洗い出す」など小さいことからでよいので具体的に行動してもらうように寄り添うといいでしょう。

ポイント

意識を変えさせるのは自分でも難しい。まずは小さくてもいいので行動させる

07 頑張っているのに結果の出ない部下をどうすればいい?

自己有能感を満たしていくことで改善を促していく

✕ 改善点を複数挙げる
◯ 改善ポイントを1つに絞る

部下Cさんは、一生懸命やっているのになかなか成果があがりません。リーダーAさんは何とかしてあげたいと思うのですが、なかなかうまくいきませんでした。

Cさんには、改善ポイントが多くあります。

リーダーのAさんは部下のためを思い、**「今言ったところをひと通り直してくれればいいよ」**✕と、改善ポイントをどんどん指摘しますが、うまくいきません。多くの改善ポイントを一度に指摘してしまうと、どこから改善していいかわからなくなるからです。そもそも改善ポイントを一気に直すのは、非常に難しいのです。

さらに人は自信をなくすと、問題のところだけでなく他の部分までできなくなってしまうものです。悪循環に陥っているのかもしれません。

問題を多く抱えている部下には「改善できた」という成功体験を積ませて、自信を持たせてあげる必要があります。

改善にも優先順位がある

多くの改善ポイントがある場合は、**「まずはこれを直すことだけを考えよう」**と、1つに絞って修正していけばいいのです。

1つに絞ることによって集中できますし、取り組みやすいでしょう。また、改善できたという「成功体験」が次につながります。

また、どこから改善していくかについては、「『成果』と『実現度』の軸で大事な仕事を後回しにさせない」でお伝えした成果の大きいものを優先していくといいでしょう。改善した成果が大きいと成功したことが自信になりますし、モチベーションも上がります。

実現の可能性も重要でしたね。実現する可能性が低いものから改善していこうとすると、なかなか改善しないので前に進めなくなり、そのうちモチベーションも落ちてしまいます。

そこで成果と実現度を判断基準として、一つ一つ段階ごとに改善していく計画を立てます。そのうえで、第1段階は○○を直す、第2段階は△△を直すというふうにしていきましょう。1つの段階を修正している間は、他のことには目をつぶります。

…›「原因追求」と「ダメ出し」はしない

大切なポイントは、部下の「自己有能感」を満たすフィードバックをすることです。「自己有能感」とは、自分ができる人間であること・成長していることを実感したい欲求のことです。

うまくいったときはいいのですが、改善できなかった場合は注意が必要です。このとき、やってはいけないのが「原因追及」と「ダメ出し」です。原因は追及しなければいけないと考える方もいるかもしれません。

けれども、「原因追及」は相手を追い詰めるだけです。**リーダーがやるべきことは、「ウ**

ィークポイントの改善」です。

部下にとって、ウィークポイントの改善は、あまり積極的にやりたいことではありませんし、そもそもうまくいかない確率が高いものです。

結果的に克服できたとしても、それまでは何度も失敗するかもしれません。そんなとき、部下の勇気をくじかないように意識する必要があるのです。

原因追及ではなく、次回はどのように取り組むか（問題解決していくか）を聞くべきなのです。その際、**圧迫感を与えない言い方として、「Iメッセージ」を使うといい**でしょう。

Iメッセージとは、「この部分を直していくのが（私は）いいと思うよ」というような「私は」を主語に使った言い方です。

対照的なのがYOUメッセージです。「（あなたは）これを直すべきだ」と、相手である「あなた」を主語に使っています。

Iメッセージはあくまでもリーダー側の意見ということで、言われる側が圧迫感を感じないのです。

そのうえで、「できている部分」と「次回からどう取り組むか」をヒアリングしていきます。問題の解決策（次回どうしたらいいか）を自分で考えつかない場合にはアドバイスをしましょう。

こうして、「すべてがダメではなく、できている部分があって役に立っている」と**自己有能感を満たしていくことで、部下も次の改善点に目を向けて取り組む**ようになります。一度にすべてを直そうとするより、一つ一つ直していくほうが結果に結びつくのです。

ポイント

1つずつ直していくことで、早く結果が出るようになる

08

◁ 先延ばしにしがちな部下は、もっともなことを言ってやらないので困っている

「いつまでによろしく」ではなく「いつから始める？」が有効

✕ リーダーが決める

○ 部下に決めてもらう

Ｂ２Ｃ向けにサービスを広げている大手生活関連サービス会社の経営企画部では、毎月企画書を２件起案するノルマがありました。

リーダーＡさんの部下Ｃさんは先月慌てて、急ごしらえの企画を２件作成しましたが、当然採用されませんでした。リーダーＡさんは、「今度は早めに取りかかって精度の高い企画にするように」と、Ｃさんに言葉がけします。

それに対してCさんは「アイデアを温めています。今は他に終わらせないといけない仕事もあるので、終わったら始めます」と答えます。

このように、なかなか行動しない部下に動いてもらうにはどうしたらいいでしょうか。

「時間不一致現象」をご存じですか。

同じことでも実行する時期によって、難易度が違って感じる現象です。

人は、未来は常に今よりもよく、未来の自分は常に今の自分よりも有能になっていると思いがちです。

今より明日、3日後、1週間後と時が経てばうまくいくだろうと考えます。しかし、「後でならできるようになる」「時間が経てばいいアイデアを出せる」という考えはただの錯覚にすぎません。明日になっても3日後、1週間後になってもいい案は見つかりません。

「開始の締め切り」を設定しよう

先延ばしすることには、何の意味もありません。先延ばしにした時点でスパートをかけるなら、そのエネルギーを前倒しして、スタートダッシュをかけたほうが集中できますし、仕事にかかる時間も短くなります。じっくり取り組む時間もあるので質も高いものになるでしょう。

仕事をきちんと進める人は、いつまでに終わらせるかという「締め切り」の他に、いつから始めるかという「開始の締め切り」も定めています。

仕事が予定通りに完成しない人はたいてい着手が遅いのです。着手しただけで、半分は完了したといっても過言ではありません。

「小さな仕事に分ければ、どんなことでも難しくはない」という、フォード・モーターの創業者ヘンリー・フォードの言葉があります。

最初に着手するときは、着手から完了までの一連の仕事を小さなタスクに細かく分割し、1つの小さなタスクを5分ほどやってもらうようにするのです。

たとえば企画書の作成なら、着手から完成までのタスクを細かく分割します。「1人ブレストでアイデアを10個出してみる」「成果物のイメージを描く」などです。

なお「開始の締め切り」は、リーダーが「×〇日までに始めてほしい」と決めるよりも、部下に「〇いつからやる？」と聞いて決めてもらうようにしましょう。

なぜなら**「行動宣言効果」といって、人は言葉や文章で自分の考えを公開すると、その考えを最後まで守ろうとする傾向がある**からです。

なかなか仕事に着手しなかった人でも、「開始の締め切り」を決めることによって企画書の起案に限らず、仕事全体を通して早めに取り組むようになります。**すぐに行動しないということがなくなる**のです。

ポイント

仕事になかなか着手しない部下には、いつからやるかを自分で決めてもらおう

09

「何もしない」タイムを設けると、仕事のやり方が変わる

◁「時間がありません」と言って、言うことを聞いてくれない

✕「やること」を伝える

〇「やらないこと」を伝える

2016年3月に作成された独立行政法人労働政策研究・研修機構の「労働時間管理と効率的な働き方に関する調査」によると、所定外労働時間が多くなる要因の上位として、「業務の繁閑が激しいから、突発的な業務が生じやすいから」に次いで、「人員が不足しているから（一人当たりの業務量が多いから）」という理由が挙げられています。

1人当たりの業務量は増えているのに、定時退社や残業削減によって、仕事に使える時間は減っているのです。

より効率性が求められる時代になってきたのです。

しかし、多くの仕事を抱えていながらも、時間内できちんと終わらせ成果を出している優秀なビジネスパーソンはいます。

一方で、時間を有効活用できず、成果を出せない人もいます。


大手保険会社の企画部に所属しているCさんは、同僚の転勤により担当する仕事が増えたため、ミスが出たり、仕事の成果物のクオリティが低くなったり、全体的に仕事が雑になってきていました。

リーダーAさんは、何とか是正したく **「もっと効率を上げればできるはずだよ」** ×と言葉がけしますが、返ってくる言葉はいつも「時間がありません」でした。

このような部下に対して、どのようにアドバイスするのがいいでしょうか。

1日に使える時間を減らす

一口に「効率を上げよう」と言っても言葉自体が抽象的であり、具体的にどんな行動をしたらいいかがわかりません。

また、仕事は自分1人で完結するものばかりではなく、他の人とのコミュニケーションが必要なものもあります。「効率を上げよう」と言うだけでは解決できないのです。

そもそも、勤務時間を100%使えると思ってはいけません。メールも来れば、お客様や別の部署の人との予期せぬやり取りも発生します。

これらを加味したうえで仕事を進めていかなくてはならないのです。

また、仕事にはちょっとした空いた時間の積み重ねでできるものもありますが、まとまった時間を要するものもあります。

そこで、**「何もしない時間をつくっておこう」**と指示するのです。

たとえば、「1日2時間何もしない時間をつくっておく」ことで、今の仕事のやり方を変えなければならなくなります。1日当たりに使える時間が2時間減るからです。

ノースコート・パーキンソンは、「時間がないから成果をあげられないのではなく、時間がありすぎるから成果を出せないことのほうがずっと多いのだ」と言っています。

人間は時間に余裕があると無駄に仕事を膨らませて、与えられた時間を残らず使い、ぎりぎりになって仕事を終える傾向があります。

時間を減らすことで無駄な仕事をしないように、と意識するようになるのです。

「何もしない時間」は他にすることがないときは、まとまった時間として使うといいでしょう。

まとまった時間を確保する習慣をつくる

ピーター・F・ドラッカーは『経営者の条件』（上田惇生訳、ダイヤモンド社）の中で、「成果をあげるには自由に使える時間を大きくまとめる必要がある。大きくまとまった時間が必要なこと、小さな時間は役に立たないことを認識しなければならない。たとえ一日の四分の一であっても、まとまった時間であれば重要なことをするには十分である。逆にたとえ一日の四分の三であってもその多くが細切れではあまり役に立たない」と述べています。

ちょっとした空いた時間の積み重ねで対応しようとすると、仕事の精度が落ち、ミスも起きやすくなります。落ちついて仕事をするという意味でも、ミスが許されない仕事はまとまった時間でするようにしましょう。まとまった時間を確保する意味でも、**「何もしない時間をつくっておこう」と部下に伝える**のです。

まとまった時間を確保するのは、若手社員の時代から身につけておくべき習慣です。「ミスをしないように」という短期的な視点と「将来、時間管理をしっかりできるように」という長期的な視点で指導していくべきなのです。

また将来、上級職になるにつれ、まとまった時間が必要なものが増えてきます。「何もしない時間」を設けることで、ミスが減り、仕事のスピードも速くなるのです。

ポイント

仕事の詰め込みすぎは逆効果。「何もしない時間」をセッティングしよう

第2章

仕事のミスが多い部下に効くリーダーの言葉がけ

10

◁同じ間違いを繰り返す部下に、どう伝えると改善へ向かうのか？

リーダーの間違いであるかのように聞き方を変えてみる

✕ 間違った原因が部下にあると断定して聞く
○ 間違った原因がリーダーにあると仮定して聞く

同じ間違いを繰り返す部下に対しては、「なぜ間違ってしまったのかな？」と言うより、**「何が原因で間違ってしまったのかな？」**と聞くほうがいいです。

「なぜ」は人に焦点を合わせているのに対し、「何」はモノに焦点を合わせた聞き方です。

そのため、「なぜ」と聞かれた相手は、原因は自分にあると感じ、自分への罪の意識が増すのです。

反省するのはいいことですが、それ以上に大切なのは「行動を改善する」ことです。「何」という聞き方にすることで、部下は自分自身のどの部分に問題があったのかを客観的に振り返ることができ、積極的に行動を改善するでしょう。

私が見てきた限り、ここまでに述べた指導方法を取り入れているリーダーは多いです。研修やセミナーなどを通して、部下に行動改善を促している人はだいぶ増えてきました。しかし、それでも同じ間違いを繰り返す部下はいます。改善するためにはどうしたらいいでしょうか。

相談できるリーダーになっているか？

同じ間違いを繰り返す原因は大きく分けて2つです。

- 間違いに気づいていない
- 改善方法がわからない

前者は、先ほどの「何」で聞けば、部下自身で発見できるでしょう。そして、再発防止に取り組んでくれます。

問題は後者。リーダーにできないことを言いづらくて、部下がいつまでも改善方法のアドバイスをもらえないことです。

部下は、リーダーの前で間違いに至った原因や経緯をあまり積極的に言おうとしません。たとえあまり叱らないリーダーの前であっても、自分の評価がマイナスになることは言いづらいものです。

リーダーも同様です。社長など自分の上司の前では、ミスやネガティブ要素は積極的に開示したくないと思うものです。

部下はリーダーの前では少しでも自分をよく見せたい、あるいはよくまで行かなくても積極的にネガティブ要素を見せるのは避けたいと思うわけです。

部下の問題をリーダーの伝え方問題にする

そこで、「リーダーに相談しても大丈夫」と思わせる必要があります。

リーダーは意識して、部下が間違いの原因を言いやすくなるように導く必要があります。

実際、リーダーに問題はなかったとしても、**「私の伝え方が、あまりうまくないからなー」「私の伝え方がわかりにくくなかった？」「あいまいなところはなかった？」**などと話すのです。

間違えるのは部下側の問題ではなく、**リーダー側の伝え方に原因があるように接します。**

そのうえで、「私の伝え方が悪かったかもしれない。**どのように伝えればよかったと思う？**」と聞きます。

もし、部下が何も言ってこなければ、「どんどん教えてほしいんだ。1つでいいから何か教えて」と伝えます。「1つでいいから」ということで部下も伝えやすくなります。

そのうえで、部下に**「○○さん自身はどうしたら間違いがなくなると思った？」**と聞きます。この場合、先にリーダーから話しているので、打ち明けやすくなります。このとき、部下が適切な改善点を言ってきたら、**「お互いに改善したほうがいいと思うことや間違っていることはどんどん言っていこう」**と伝えます。

一方で適切な改善点がなければ、**「私が思うには、間違いの原因はここではないか」**と伝えます。

大切なのは、部下が間違った原因を言いやすく、相談しやすくすることです。そのためにも最初はリーダー自身に問題があることを前提に質問し、その後部下の問題に触れていくという順番にしましょう。

ポイント

原因が部下側にあるのではなく、リーダーの伝え方に問題があるという視点で問いかける

11 キャパオーバーと断定する前に仕事の進め方を疑う

◁ 仕事量が多いと思い調整したが、ミスが多いまま変わらない

× 仕事を減らす
○ 仕事の進め方を変える

部下の仕事にミスが目立つとき、抱えている仕事量がオーバーしているのかもしれません。

化学品メーカーの経営企画部に所属するCさんは、優秀であるがゆえに仕事を多く抱え、最近ではミスが増えてきました。

どうしても、仕事は安心して頼める人、快く引き受けてくれる頼みやすい人のところに集中してしまいがちです。

自分のキャパシティを超えてまで多くの仕事を抱えてしまう人は、たいてい仕事を断ることを恐れています。頼まれた仕事を断って嫌われたくないとの思いから、つい引き受けてしまうのです。

しかし、どんなに優秀な人であってもキャパシティを大きく超える仕事をすれば、ミスも出てきます。

また、ミスが続けば身体やメンタルの不調に陥ってしまうことも少なくありません。

特にCさんのようなできる部下は、自分から「仕事を減らしてください」などと言うのは「仕事ができない」と言っているようなものだと思っているため、よりキャパオーバーになりがちなのです。

リーダーAさんもCさんのミスが多いのは、仕事量が多いことに起因していると思っていました。

そこで、AさんはCさんに×**「仕事の量が多すぎるね」**と言い、一部の仕事を他の部下に回しました。

これで負担が軽減されミスも少なくなるだろうと思いきや、ミスは多いまま変わりませんでした。

Cさんに改めて話を聞いているうちに、ミスが起きている要因が違うことに気づきました。

キャパシティのオーバーではなく、仕事の進め方に問題があったのです。

Aさんの視点が間違っていたのです。

Cさんはまだ若手メンバーであり、今後年次が進み、昇格していけば仕事がもっと増えていくはずです。今のうちに仕事の効率を上げてたくさんの仕事をさばけるようにしておかなければなりません。働き方改革が進むにしても、仕事は年次が上がるにつれてどんどん増えます。

自分の仕事術を進化させ、無駄の排除や効率化は常に意識して進めていかなければなりません。

AさんはCさんとの面談で、**「この前お願いした仕事は、きちんと段取りを組んでおけばよかったんだよ」**と、仕事の進め方に問題があることに気づかせてあげたのです。

…›「知らないか」「やっていないか」のどちらか

仕事の進め方に問題がある場合、要因は2つしかありません。「もっといいやり方があることを知らない」か、「知っていてもやっていない」かです。

知らない場合は、「こうすればこの仕事はもっと早く進められるよ」と教えてあげればいいのです。

たとえば、エクセル関数やマクロなど時間を短縮するPCスキルや企画の作成に適したフォーマットの見つけ方、データの探し方などは知っているか知らないかだけです。

「企画書はテンプレート化する」
「アウトプットは受け取り手が誰で、何を求めているのかを常に意識し、簡素化する」
「よく使う言葉は単語登録をしておく」

などの、仕事の効率をアップする方法もそうです。

そしてCさんは、もっといい仕事の進め方や効率化があることに気づいたのです。仕事の量が増えてもミスがなく対応できるようになりました。

その一方で、効率的な方法を知っていてもやっていない場合は、方法を変えることでうまくいかなくなるのを恐れています。この場合は、効率的な方法に変えるように言い続ける必要があります。

次のステージに進むには進化が必要です。**リーダーはどんなに優秀な部下でも「改善の余地があるのでは?」と気づかせる必要がある**のです。そうすることで、仕事を効率的に進められるようになります。

このように、部下を観察していて、もっといい仕事の進め方があると思えば、部下に改善の余地があることを伝え続けます。

大切なのは部下が言われて改善するのではなく、**自ら意識的に改善するように導く**ことです。

そのためには、自分で今の仕事の進め方では無理だと気づいてもらう必要があります。

ですから、仕事量を減らしてはいけません。仕事量がそのままであれば、必然的に方法を変えなくてはならないなと思うからです。

少し荒療治になりますが、仕事量を減らさず改善を意識させるようにしていきましょう。

ポイント

方法を変えてうまくいかなくなるのを恐れていることも。改善の余地に気づかせてあげることが必要

12

◁ 部下の初歩的なミスが続き、致命傷になる前に防ぎたい

初歩的なミスの軽減は言葉がけ運動に勝るものはない

× 今後の防止策を考え、部下にチェックを任せる

○ 部下の防止策を細かくチェックせずに、ただ定期的に話題にするだけでいい

どんなに仕事を効率化しても、人間なので、ミスはなくなりません。ゼロにはできないので、予防することが肝心です。

初歩的なミスを繰り返すことの多いAさんは、担当者の名前の漢字を間違えて、顧客カードに登録してしまいました。エクセルのシートに入力する際、漢字の変換が間違ってい

るのに気づかなかったようです。そのまま請求書を受け取ったお客様から経理部に連絡があり、ミスが発覚しました。

今後は記入した後、名刺と照らし合わせて確認するといった「予防策」をしっかり立てました。

しかし、前回のミスから半年くらい経った頃、新たなミスが出てしまいました。別の会社で、今度は会社名の漢字が間違っていたのです。

これは会社の信用問題にもなりかねません。

もう大丈夫だと思った頃にミスが起きてしまったのです。

…→「任せる」が「放置」になっていないか

これは、私のクライアントで実際にあった例ですが、ちょっとしたミスが大きな損失になるケースはたくさんあります。

しかも、このようなミスはたいてい回避できるものです。たまたま確認できなかったそのときにミスが起きてしまい、悔やんでも悔やみきれません。

最初のミスが起きたときは ✕ **「今後どうしたらミスが起こらなくなるかを考えてみて」** と

話し合ったものの、その後は部下に任せたままになっていたようです。「任せる」とは聞こえがいいものの、実のところは「放置」されていたにすぎません。

では、どうしたらこのような初歩的なミスがなくなるのでしょうか。

このケースでは、ミスに対する今後の対策を考えていたのはいいことです。しかし、四六時中ミスについて考えていると仕事が進みませんし、リーダーがいちいち確認していたら時間がいくらあっても足りません。そもそもミスをなくすためにリーダーの時間を費やすのは、コストとの兼ね合いからいってもナンセンスです。

⋯➜ 確認のポイントを増やさない

大切なのは、「注意すればいい」と意思だけに頼らないことです。もちろんミスの起こりやすい仕事は細心の注意を払って取り組むべきですが、注意するだけではミスを防ぐことができません。

仕事の量が増えている時期や突発事項があったときは、どうしても注意力が散漫になってしまいます。これは防ぎようがありません。必要な箇所で注意を喚起する仕組みをつくる必要があります。

たとえば、先ほどの入力のケースであれば、1つ終わったら、名刺を指差喚呼《しさかんこ》する（指で差して声に出して確認する）というようにルール化します。一見面倒で時間を取られてしまいますが、ミスをした後にかかる時間や後に発生するお金に比べればコストは安いものです。

しかし、ここで注意が必要なのは指差喚呼などの確認のポイントを増やしすぎないことです。増やしすぎてしまうと人は面倒になるので、忙しいときなどに省略してしまいがちになります。よってポイントは1つに絞ります。

その後は、**「こんなミス、あったね。チェックは忘れずに」**と言葉がけすればいいでしょう。

また、繁忙期など時期的に注意が必要である場合などは、ホワイトボードに書いておいて気をつけるよう呼びかけます。

ここまでやっても人間がやっている以上、ミスはゼロにはなりませんが、初歩的なミスは大幅に減ります。

重要なのは、確認のポイントを簡潔にすること、そして定期的に確認を続けているか（運用しているか）、言葉がけをすることです。

ポイント

ミスが起きそうな周期で定期的に話題にすれば、部下は自ずとケアするようになる

13

◁クレームゼロをチーム目標にしていたら、
とんでもないミスが起きてしまった

クレームをなくすことを目標にすると
チームに隠ぺい体質が生まれる

× クレームを避ける
○ クレームを歓迎する

どんなに完璧な仕事をしていても、商売相手が人間である以上、クレームは大なり小なり生まれるものです。クレームの対応を間違えると、仕事に多大な影響が及びます。

誰もがクレームは受けたくないでしょう。しかし、対応次第ではピンチがチャンスになります。

クレームからお客様のニーズを把握でき、新商品開発のヒントになったり、即時に丁寧に対応することでお客様との信頼関係が深まり、リピートにつながったりするケースもあります。

部下の成長に欠かせないイベントです。

では、クレームに対して、リーダーはどのようにマネジメントするのがいいでしょうか。

大きな不正は小さな隠ぺいから始まる

クレームをゼロにするという「クレームゼロ運動」をやっていた通信販売の会社がありました。カスターマセンターを統括するAさんは、**「クレームは絶対起こさないように」**と、部下たちを鼓舞してきました。

ちょうど5か月が経ち、6か月クレームゼロの目標にもうすぐ達成だと部署内で盛り上がっていたとき、あるお客様から「頼んだ商品と違うものが届いた」というクレームが入りました。

電話注文で対応していたのが、リーダーAさんの部下Cさんでした。

「自分がクレームゼロの記録を止めてしまった」と焦り、メンバーから責められるのを恐れたCさんは、「すぐ代替商品をお送りします」と連絡。早く対応することで、クレームをなかったことにしようとしました。

しかし、代替商品の在庫がなく、メーカーに確認したところ、入荷に1週間かかるとのことでした。

お客様に電話で報告すると、「すぐに送ると言ったじゃないか」とご立腹の様子。Cさんは開き直って、「似た商品ならすぐに届けられますが、いかがですか」と提案します。

しかし、お客様をさらに怒らせてしまい、もはやCさんのところで収まるような問題ではなくなってしまいました。

世の中の大きな不正は、小さな隠ぺいから始まったケースが多いです。

ハインリッヒの法則によると、1件の「重大なミス」の背後では、29件の「軽微なミス」、300件の「異常」が起きているといいます。

そのままにしておくと、いつか重大なミスにつながる危険性がある異常が「ヒヤリハット」です。ヒヤリハットの段階で芽を摘んでおけば、重大なミスを防止できるのです。クレームも通ずるところがあります。

クレームが発生したときに、お客様の気持ちに寄り添い、誠実な対応をすることでクレームが大きくなるのを避けられます。

もちろんクレームは起きないほうがいいでしょう。

しかし、クレームも対処の仕方によっては後々生きてきます。

株式会社星野リゾートの星野佳路《よしはる》社長は、「クレームを後ろ向きにとらえてはいけない。前向きにとらえ、『二度と起きないようにするためには、何ができるか』という姿勢で臨むことが大事だ」と強調しています。「そのうえで、クレーム情報を伝えた社員を叱らないことだ」と述べています。

⋮ クレームにきちんと向き合う

その後、Cさんのリーダ ーAさんは、「クレームを減らそう」とは言い続けるも、クレームゼロ運動にはせず、**「クレームは起きるもの。怒らないからすぐ報告して。報告がないときは、わかるよね?」**と部下たちに伝え、「ただし報告を怠った場合は叱る」というように方針を変更したのです。

そうすることで、部下たちはささいなクレームやミスでも報告してくるようになったそうです。

何よりも部下からすると、Aさんに報告・相談することで、クレーム対応のヒントをもらえます。

クレームを悪化させたCさんは反省しています。

不必要にプレッシャーは与えない。クレームを受けた本人に話しやすくさせ、傾聴したうえで冷静に「今後どのように対応したらいいか」を講じていけばいいのです。

そうすることで、隠ぺいも起こらなくなるでしょう。

クレームは全面的にいいとはいえませんが、一つの経験です。

きちんと向き合って対応することで、部下を大きく成長させます。ささいなクレームでも開示させることで、部下に対応と対策をフィードバックできるからです。

じつはその後、Aさんの会社はクレームが増えました。正確にいうと、社内で隠されたクレームが表面化したのです。

クレームは部下にとって報告しづらいものですが、部下の成長の場でもあります。小さな隠蔽は後に大きな問題に発展する可能性があります。そのことを理解し、**リーダーは部下が伝えやすい環境をつくっていく必要がある**のです。

ポイント

悪い情報を共有できる環境にすることで、部下を最大限にフォローできる

14

◁ 現状をキープする、向上心のない部下を動かすにはどうすればいいか？

「挑戦しないことで評価が下がる」と伝える

× 安心感を与える

○ 危機感を持たせる

最近多いのが役職定年で平社員になった人や、雇用延長で嘱託社員として雇用されているシニア層の人が部下になるケースです。

彼らはさまざまな知識や経験、人脈を持っており、リーダーから見ても非常に頼りになる存在です。技術の伝承や後輩の育成をしてくれます。

大和ハウス工業株式会社では2013年に「65歳定年制」を採用し、92％の方が再雇用を選択したそうです。今後、日本の労働者人口が減少することを鑑みても、シニア層の雇用継続あるいは採用を積極的に行う会社は増えていくでしょう。

リーダーとして仕事をしている以上、今後はこの世代の人と向き合っていく必要があります。

シニア部下の中には生涯現役でいこうと張り切っている頼りになる人がいる一方で、給料や待遇が下がったことでモチベーションを落としてしまっている人もいます。

評価が高くても昇格や昇給はほとんどないため、「今の給料で無難に仕事ができればいい」と思っています。

後者の部下に対して、いくら理想を語ってモチベーションを高めようとしてもなかなか難しいものです。だからといって、向上心なく仕事をしている状態ではリーダーとしても困りますし、周囲にも悪影響を与えます。

同じように考えている部下は、シニア部下以外にもいます。実力主義の影響です。

出世や昇給をあきらめて、現状維持でいいという人です。

「新しいことをやっていかないと今後は厳しいですよ」などと正論で動かそうとするリーダーもいますが、彼らにはあまり響かないでしょう。

しかし、この人たちも現状維持でいいとはいいながらも評価が下がるのは恐れています。やったことのある得意な仕事ばかりして、苦手な仕事や未経験の新しい仕事に挑戦することを避けている部下には、どのような伝え方をすればいいのでしょうか。

やらないことによる痛みを伝える

大手サービス会社の販売促進部に勤める30代後半のリーダーAさんが、講演後に「Cさんというチームにあまりいい影響を及ぼしていない年上の部下とのコミュニケーションをどうしたらいいかと、相談に来ました。

Cさんは、シニア採用で再雇用されている60代の正社員です。この方は元々大手広告会社に在籍していて、その後今の会社に転職してきました。営業をやっていましたが、定年を機に販売促進部に異動しました。

Cさんはルーティンワークの仕事しかしません。そこで、新たにイベントを企画する仕事で30代前半の部下Dさんと組ませることにしました。

しかしCさんは、「ライバルの会社も同じことをやっているし、難しいよ」「俺も若い頃同じこと考えたんだけど、ウチの会社は無理だよ」などと言います。

挑戦しようとしているDさんと、進行を遅らせようとするCさんが対立し始めました。

Dさんは、年長者であるCさんに対してなかなか意見を言えません。

このケースですが、Cさんは、この仕事が絶対無理だからやめようと言っているわけではありません。

失敗して恥をかくのが怖いので、やりたくないのです。

このタイプの部下に、×**「挑戦した結果の失敗で評価が下がることはないですよ」**と安心材料を与える言い方は効果がありません。

このままでいいだろうと思ってしまうからです。「やらないことによる痛み」を伝えなければなりません。○**「挑戦しないと評価が下がりますよ」**と伝えるのです。

人は何かに挑戦するとき、それによって快楽を得られるか、それによって痛みを避けられるかに着目します。後者の「痛みを避けられるよ」と、伝えたのです。

Aさんは Cさんに**「やって失敗したことによってマイナス評価が生まれないこと」**と、**「やらないことによってマイナス評価が生まれること」**を伝えました。

Cさんはマイナス評価になるのを恐れて動きだしました。Dさんと協力し合いながら仕事を進行させ、イベントの開催までこぎつけました。しかし、集客人数の目標を300名にしたものの、130名しか集まらず、損益分岐点を下回って大赤字になってしまいました。

Cさんは、Aさんに「やって失敗したことで評価を下げない」と言われていたものの、Cさんは評価が下がることを覚悟していました。

しかし、Aさんは「挑戦したことはプラスの評価に値します。次回は成功させましょう」と伝えました。

それから3度失敗した後、4回目のイベントで目標数字以上の集客をし、成功させることができました。

そこで自信になったのか、Dさんに「他のイベントもやってみようよ」などと自分から提案するようになったのです。

できることなら、**リーダーは「新たな仕事をやるメリット」を伝えましょう。**しかし、それでもなかなか行動しない部下には、「やらないことによる痛み」という恐怖感をちらつかせることも、時には部下のために必要なことなのです。

ポイント

時には劇薬も大事。行動しないことが評価を下げると伝えよう

15

部下の心が離れていく。何がいけなかったのか？

謝罪案件はお客様の心配よりも部下のケアを最優先にする

× 最初にお客様の心配をする

○ 部下の心配を第一にする

仕事で一番大切なのは「お客様」でしょうか。

かつて、「お客様は神様」という言葉が流行りました。対して、令和の時代は変わってきました。もちろんお客様が大切なことは変わらず、「顧客満足度」は重要視されています。それとともに、労働人口の減少に伴い、従業員を大切にしようと「従業員満足度」も重視されるようになってきました。

リーダーにとって部下が大切ということです。

一発で信用を失ったリーダーのひと言

ある大手日用品メーカーの話です。特別価格で見積書を出したにもかかわらず、定価で請求書を送ってしまいました。

先方の担当者はCさんに対して、「私の上司が『請求書の価格をいきなり間違えるなんて取引して大丈夫か』と怒っています。先日の取引も数量が間違っていたので……。すぐに請求書を再発行して持ってくるようにしてください」と電話をしてきました。

今回のミスは2回目で、初めての取引のとき、お送りした商品の種類と数量に誤りがあったのです。

大口顧客になる会社と取引できたのに、これは一大事です。リーダーAさんには電話で報告したものの、Aさんは既存の大口のお客様とアポイントが入っていてすぐに戻ることができないとのことで、Cさんは1人で先方の会社に謝罪に行きました。

Cさんはカスタマーセンターでの経験が功を奏して、一人で乗り切りました。結果、何とか取引を続けることを承認してもらえたものの、非常に強い口調でお叱りを受けました。特に、先方の上司は年配の男性でかなり圧迫感があり、Cさんは大変辛い思いをしたそうです。

Cさんが会社に帰ると、リーダーのAさんは帰社していました。そして、Cさんに開口一番、✕**「お客様、大丈夫だった？」**と尋ねてきます。Cさんは「ええ、何とか」と答えます。経緯は聞いていたので、Aさんは「お客様が大丈夫ならよかった」とそれ以上は追及しませんでした。

一見落着と思いきや、次の日からCさんがどことなくよそよそしい態度に変わったそうです。Cさんだけではありません。他のメンバーの中にもぎこちない雰囲気が出てきました。

リーダーは安全基地でなくてはならない

Aさんの対応で何がいけなかったのでしょうか。

Cさんがお客様のところから戻ってきたときの対応がよくありませんでした。もっといい対応をしておけば部下から信頼されたかもしれません。**「共感」を示せばよかったのです。**

具体的には、○**「大変だったね」「報告しづらかったろう」**といったねぎらいです。

クレームで強く叱られたり、辛い思いをしたりした場合、人は「安全基地」を探そうとします。「安全基地」とは、いざというとき頼ることができ、守ってもらえる居場所であり、心の支えとなる存在です。

部下をねぎらって、**リーダーが「安全基地」になってあげればいい**のです。

安全・安心な場に帰ってきたとき、リーダーの第一声がお客様を心配するものであると、「一生懸命やったのに守ってもらえない。私は大切にされていないんだ」と感じ、傷つくのです。

特に、大変なトラブルに見舞われたときのリーダーの振る舞いを、部下はよく見ています。平常時にどんなに頼れるリーダーだとしても、非常時におろおろしたり、部下をないがしろにしたりすると、一発で信頼をなくします。

「顧客満足度」より「従業員満足度」を重視すべきです。従業員満足度を重視してスタッフを大切にすれば、そのスタッフは大切にされているんだから頑張ろうと、モチベーションが上がり、仕事の質も高まります。それが顧客満足度にもつながります。

部下が窮地に陥るような大変な状況になったときは、いきなりお客様の心配をするのではなく、まずは部下の対応をねぎらうことを最初にするのが大切です。

ポイント

お客様の心配をする前に部下の心配をしましょう。それだけでも信頼感がアップする

結果の出ていないリーダーが部下を叱っていいのか迷います

16 プレイヤーとマネジャーの責務を再確認する

× やんわり言う
○ きちんと叱る

プレイングマネジャーとして結果を出せていないとき、自分の事はさておいて部下を叱っていいか迷うところです。

リーダーAさんは部下を叱るときに、非常に控えめにやんわりと伝えます。

×
「私も言える立場ではないですが、挽回していきましょう」

一見、謙虚なリーダーのように思えますが、「叱る」という機能を果たしていません。

「私も言える立場ではないですが」「こんなことを言っても説得力はないかもしれません

が」といった言葉でやわらかく叱ろうとしていますが、これでは叱る意味がありません。

一方で、別のリーダーBさんは、自分の成績に関係なく、部下をきちんと叱ります。感情を出して怒鳴ったりしないうえに、人によって態度を変えないので、部下からも信頼されています。

部下に負けられないという考えは捨てよう

リーダーとしてどちらが正しい姿でしょうか。

Bさんの姿が正しいといえます。Aさんのように自分が結果を出していなければ、部下に対して説得力がないのではないか、自分も結果を出してから言うべきではないかと思う方もいるでしょう。

Aさんのような考えの方は、プレイヤーの仕事とマネジャーの仕事の区別ができておらず、マネジャーとしての仕事がおろそかになっているともいえます。

そのせいでチームの仕事のバランスを崩したり、本来は部下がやるべき仕事をマネジャーが奪っていたりするため、部下のためにもなりません。

基本的に、プレイヤーは「自分で仕事をする人」であり、**マネジャーは、「部下の補佐的な役割になり、チームと部下を成長させる人」**です。マネジャーとして、この違いをしっかりと認識しておく必要があります。

ハーバード大学のロバート・カッツ教授は、自ら考案した「カッツモデル」において、現場のプレイヤーには「テクニカルスキル（実務スキル）」が求められているのに対し、現場の管理職に大切なのは「ヒューマンスキル（人的スキル）」だと言っています。

そもそも、プレイヤーとマネジャーは求められているものが違うのです。

よって、部下より優れていなくてはならない、部下に負けられないという考えは捨てるべきなのです。部下と勝負しようとしてはなりません。そもそも、マネジャーとプレイヤーは役割が違うだけで上下関係ではありません。

叱れないリーダーが増えている

そう考えれば、自分のプレイヤーとしての業績は関係なく、マネジャーとして叱ることは仕事であると思えてくるのではないでしょうか。

昭和時代のリーダーにはなかった傾向ですが、「叱れないリーダー」が増えています。

その一方で、「叱られる」ことを望んでいる部下は多いものです。仕事で成長したいと前向きに思っているのです。叱ることは、方法さえ間違わなければ問題ありません。

部下との関係がおかしくなるのは、たいてい「叱る」と「怒る」を混同しているからです。「叱る」は部下の行動改善のため、「怒る」はリーダー自身の感情のコントロールのためです。

「叱る」のは部下のためですから、気を使って部下を叱らないのは、自分勝手です。リーダーとしての職務を果たしていないとも言えます。

まずは、「今月も目標の数字には未達になりそうですね。**どのようにして取り戻していこうと考えていますか？**」と、はっきり改善してほしい点を指摘し、質問します。

その後、部下の切り返し方によっては次のように対応していきます。

…›「頑張ります」「何とかします」と具体的な考えが見えない場合

本当に考えていない場合もありますし、場を取り繕っている場合もあります。

このような場合は、**「どう頑張っていこうと思っている？」「何とかしようと考えている**

のはわかったけど、具体的にはどう行動していこうと思っている？」と、突っ込んで聞いていく必要があります。

⋯〉「リーダーだって未達じゃないですか」と言われた場合

このケースでは、まず部下の意見に対して言い返さないことです。

「確かに」と受け止めたうえで、**「一緒に今後どうやって取り戻していくか考えよう。何かいい案はある？」**と切り返し質問をしていくのです。

大切なのは、部下が答えを出すような質問にすることです。

この場合は「私は言えないけど」といった遠慮した言い方ではないので、部下に行動改善を促せます。

そのうえで、考えが稚拙で、その場を取り繕うとしている場合は、「その動きだと難しいな」「その方法だと難しいな」などと返し、「他にどう考えている？」と質問していきます。

質問を重ねていくと、返事に困って返せなくなります。その段階で、「どう行動したらいいか」のアドバイスをすれば、部下も受け入れてくれます。

部下育成はリーダーの重要な仕事です。部下の行動が誤った方向に進んでいる場合、叱って行動を修正する必要があります。

自分のプレイヤーとしての業績は関係なく、リーダーは叱るのが仕事なのです。

ポイント

プレイヤーとマネジャーは役割が違うだけなので、叱ることを避けない

第3章

仕事を止める部下に効くリーダーの言葉がけ

17

「大丈夫」と言うがそうではなかった……。
部下が本当のことを話してくれない場合、どうすれば？

部下の本音を聞きたいときは、心理的安全性を高める

× 結論ありきの聞き方をする

○ 困っていることを前提とした聞き方をする

大手化学品メーカーでリーダーに昇格して3年目のAさんから、次のような相談を受けました。

「仕事を止める部下にどう指導したらいいか」

先日も会議に必要なデータの作成を頼んだそうですが、期限が1時間過ぎても上がってきません。Aさんは、「あと2時間で仕上げてほしいんだけど、**大丈夫かな？」「問題ない**

よね?」と尋ねます。

部下のCさんは「はい、大丈夫です」と言ったものの、その後2時間が過ぎても上がってきません。終業時間間近になってしまい、結局Aさんは、Cさんに頼んだ仕事を持ち帰って自分でする羽目になってしまいました。

後でほかの部下に聞いたところ、急にお客様からの依頼が入って、対応をしていたそうです。しかし、Aさんには「どっちが大切なのか!」と叱られそうで言わなかったようです。

このケースの問題は、「仕事を止める」だけではありません。他に問題が隠れています。部下が「本音を言えない」ことです。原因はリーダー側にあります。

リーダーは部下からすると立場が上です。リーダーが思っている以上に、部下はリーダーに脅威をいだいています。「大丈夫?」と聞かれたら、「大丈夫じゃない」とは言いにくいのです。

部下が何も言わなくなる原因

グーグルが、チームを運営する際に、重要な要素としているのが「心理的安全性」です。

チームの心理的安全性とは、「チームメンバーが、安心して対人リスクを取れるという共通認識を持っている状態であり……ありのままでいることに心地よさを感じられるようなチームの風土である」（『1兆ドルコーチ』　エリック・シュミット、ジョナサン・ローゼンバーグ、アラン・イーグル著、櫻井祐子訳、ダイヤモンド社）。

グーグルが行ったチームを成功に導くカギに関する調査でも、心理的安全性は筆頭に挙がっているそうです。**心理的安全性の高いチームは、安心してリーダーや同僚に意見を言います。**「言ったら怒られる」「評価が下がるかもしれない」というネガティブな要素を感じないからです。

逆に、心理的安全性の低いチームでは、意見を言うと怒られたり、評価が下げられたりすると思ったら、部下は何も言わなくなります。

先のAさんのチームは心理的安全性が確保されていないのです。

ただし、心理的安全性の高い組織は、風通しや仲がいいだけの組織ではありません。「ぬるい」組織にするのとは違います。不要なプレッシャーをなくし、困ったことを相談しやすい環境にするのです。言いたいことをはっきり言えない部下には、言える雰囲気をつくる必要があるのです。

「オープンクエスチョン」で話しやすくする

先ほどの「大丈夫かな?」は「YES」「NO」のどちらかで答えるクローズド・クエスチョンです。

「NO」と答えることもできますが、たいてい上司からの依頼には「NO」とは言いづらいものです。

なかには、はっきり「NO」と答えられる部下もいますが、期限ぎりぎりに状況を話しにくくるでしょう。

今回のケースでは、部下が本音を言いやすいように「あと2時間で仕上げてほしいんだけど」の後に、**「他に今どんな仕事を抱えている?」「時間がかかりそうなのはどの部分?」「わからなくて困っているのはどこ?」**と付け加えればいいのです。

この聞き方は「オープンクエスチョン」であり、「YES」「NO」以外で応えるオープンクエスチョンです。

2時間で仕上げるのを邪魔する要素、困っていることがあるのを前提に聞いているので、部下も困っている場合、正直に言いやすくなります。

本当の状況を知ることで、誰かに手伝ってもらうなど調整ができます。

決して部下の仕事のスピードが上がるわけではありませんが、安心です。

このように、**部下の「心理的安全性」を確保することで、部下が本音を言いやすくなります。**表面に見えている問題だけでなく、その裏にある問題も顕在化します。結果、部下にとっての根本的な問題を把握できるようになるので、指導も的確なものになるのです。

ポイント

「大丈夫かな?」では「はい」しか返ってこない。不要なプレッシャーをなくし、困ったときの助け舟になるように聞いてみる

18 仕事への向き合い方を変えるには心配のタネを減らせばいい

◁「君だから頼んだ」と真意を伝えても、リスクを恐れて仕事を拒まれてしまう

✕ モチベーションを上げようとする
○ モチベーションを下げないようにする

一般社団法人日本能率協会が作成した「2019年度　新入社員意識調査報告書」によると、新入社員の「働く上での不安」の1位に「職場での人間関係」と同数で「仕事での失敗やミス」があります。

今の時代では大きな仕事を任されて喜ぶのではなく、リスクをとりたくない部下が多いことを表しているデータです。

データに鑑みると、モチベーションを下げないようにする、いわゆるリスクを軽減するといいように思えます。

しかし、リスクをとらないと成長しないものです。

大手コンサルティング会社のリーダーAさんは、部下に難解な仕事を頼むとき、「君だからできる」というような部下のプライドをくすぐる頼み方をすればいいと思っていました。

確かに、新しいことに挑戦したい部下に「**今までうちの会社ではやっていない分野だから**」と言ったり、昇進したい部下に「**この仕事をやり切れば、昇給・昇格の可能性が高まるぞ**」と頼んだりすればモチベーションも上がるでしょう。

自信のある部下は積極的に仕事を引き受けてくれるものです。しかし、そのような部下ばかりではありません。

リスクを取り除く

モチベーションを上げるのは難しいことです。

部下のモチベーションを高めようとしても上がらない場合があります。

リーダーが努力しても上げることができない場合は、少し乱暴な言い方になるかもしれませんが、そのタイプの部下に時間を割くのはもったいないです。

ですから、**「モチベーションを下げない」状態にすればいい。リスクをできる限り取り除くのがポイント**です。

たとえば、今まで取り組んだことのない新しい仕事をするときは、「期日通りにできるだろうか」「自分が担当してもクオリティは維持できるだろうか」「相手に納得してもらえるようなアウトプットが出せるだろうか」など、誰しも多少の不安を抱えるでしょう。

また、このタイプの部下は責任を取らされたくないと思っています。

ゴールまでの一連の仕事を漠然としてとらえると、難しく感じるかもしれません。

そこで、タスクを1つ1つ分解していき、**「不安に感じるのはどの部分？」**と質問し、部下が不安と感じるタスクを説明します。

そのうえで、「やってみてうまくいかなければ、フォローするから安心して」と伝えます。

リスクを恐れる部下のモチベーションを上げるのは難しいものです。そこで、無理にモチベーションを上げるのではなく、下げないようにする。そのためには、**「ここだけ注意すれば大丈夫」と不安を取りのぞけばいい**のです。

ポイント

モチベーションを上げるのではなく、下げないのがリーダーの仕事。リーダーが部下の後ろ盾になれば、部下も迷わず取り組める

19

◁ 今の仕事でのパフォーマンスが悪い。
違う業務をまかせたいがやめてしまわないだろうか

部下の強みを見つけて活かし、現状の問題点をしっかり伝える

✕ ポジティブな面だけ伝えて仕事を替える

○ ネガティブな面も伝えて仕事を替える

1人当たりの業務量は増えている傾向にあります。

誰かが辞めても増員されない、今いるメンバーでやっていくしかない状況で、パフォーマンスの悪い部下がいたら放置しておくわけにはいきません。

今の仕事で思うようなパフォーマンスが発揮されず、「本人にとっても辛そうですし、担当業務を変えてあげたい」と思っている部下に、どのように伝えたらいいでしょうか。

外資系高級ホテルチェーンで営業推進部の課長であるAさんは、ミスやり直しなどが続き、パフォーマンスの悪い部下Cさんを何とかしてあげたいと思っていました。

彼は企画書を作成したり、会議で発言したりするのは苦手なのですが、エクセルやパワーポイントは非常に得意です。周囲からエクセルの関数のワザを聞かれることもありました。

せっかくなので、彼の得意なエクセルなどを活かしてあげたいとリーダーAさんは思っていました。

リーダーAさんは部下Cさんに、×**「エクセルが得意だから担当を変わってほしい」**と伝えました。

Cさんの強みを活かすための担当業務変更だと伝えたのです。

しかし、Cさんは「自分は対人コミュニケーションが苦手だから、会議でうまく発表できていなかったし、ここのところ焦ってミスも多かった」と自覚しており、ネガティブな意味合いの配置転換であるとわかっていました。

そもそも昇進など前向きの配置転換ならまだしも、今回の配置転換はネガティブなものです。

ポジティブな背景だけを伝えても部下のためになりません。そもそも問題がなければ配置転換はしないでしょう。「エクセルが得意だから」と伝えて別の部署に異動したとしても、会議はあるし、他の人とのコミュニケーションがなくなるわけではありません。

「短所に目をつぶり、長所に目を向けよう」という意見もありますが、短所を無視するわけにはいきません。短所をそのままにしているのは部下のためにもよくありません。

ポジティブな面だけ伝えるのでは、部下もこのままでいいと思うかもしれません。

ネガティブな面もしっかりと伝えることが大事です。

このケースでは「**今の仕事をやっていくのは難しいと思う。**データの作成が得意だから、担当量を増やします。同時に、苦手かもしれないけど、同時にコミュニケーション力も頑張ってあげていこう」と伝えます。

リーダーAさんのように、ポジティブな面にしか触れない人は部下から信頼されません。ネガティブな面を伝えるリーダーのほうが「向き合ってくれている」と信頼されるものです。

悪いところはきちんと指摘する

昨今では「褒める育成」が話題になっていますが、単に褒めるだけでは部下との信頼関係が構築されません。**ネガティブなこともきちんと伝えるリーダーが部下に信頼されます。リーダーは、「優しさ」と「厳しさ」の両方を持つことが求められる**のです。

２０１９年11月にマンパワーグループ株式会社が入社2年目までの正社員４００名を対象に行った調査では、上司を信頼する理由の上位に「悪いところはきちんと指摘してくれる」があります。

悪いところはきちんと直す、ネガティブな言いにくいことを伝えるのは本人のためです。聞こえのいいことを言って担当業務を変更させるよりも、**厳しくても現状の問題点をしっかり伝えたほうが部下も変わろうと努力する**のです。

ポイント

現状のその人の強みだけを理由にせず、ネガティブな理由をきちんと伝えることで部下も変わろうとする

20 部下との関係が悪くて、仕事をお願いしにくい
仕事を振るときは「指示」ではなく「相談」に変える

× 仕事を指示する

○ 仕事の内容を相談する

新しい仕事をお願いするとき、「関係性が悪い」となかなか頼みづらいものです。関係が悪い部下には、どう仕事を振ればいいのでしょうか。

大手IT企業でシステム開発をしている入社7年目のリーダーAさんとAさんの部下Cさんは同期入社でした。実力は拮抗していましたが、Aさんがある大型案件をうまくまとめたことが評価されて昇格したため、上司と部下の関係になりました。

Cさんは仕切るのが好きなうえ、思ったことをズバズバ言う性格。相手を論破する傾向にあったので、入社当時からAさんはCさんのことが苦手でした。

Aさんは職人タイプで黙々と仕事を進めていましたが、リーダーになってからは周囲に気配りをするように心がけていました。

あるとき、Cさんに新規案件であるホテルのシステム作成のプロジェクトに参加してもらおうと思っていました。

Cさんは、ホテルをはじめとしたサービス業のシステム構築を多く経験していたからです。

すでにCさんは進行中の案件を何本か抱えていましたが、Aさんにはまだ余力があるように見えたようです。

そこでAさんは、「ホテルのシステムを作成した**経験が豊富なのでお願いします**」と、「なぜお願いしたいのか」を添えて言いました。Cさんにお願いする理由を伝えて頼んだのです。

これはいい方法ですが、人間関係が悪い部下にはもう少し工夫が必要です。

人間関係が悪い場合は、「いや、そんな得意でもないですよ」と返されるか、「忙しくて無理ですよ」と言われて終わりです。

…›「相談」してから「頼む」が鉄則

では、どのような頼み方がいいのでしょうか。

「指示する」より**「相談で意見を求める」**と、頼まれた側は「頼られているのだな」と承認欲求が満たされます。

「この分野といったら、Cさん以上に詳しい人はいないと思います。相談に乗ってください」などと、相談するのです。**相談することで、「あなたのことを信頼しているから聞いている」「認めているよ」というメッセージになります。**

人を動かすのが上手なリーダーは、相談が上手です。すでに答えがわかっている案件でも、意図的に「どうするのがいいかな？」と部下に相談しています。

「指示」を「相談」に変えると、相談に答えていくうちに部下は自分ごとになります。

頃合いを見計らって「あなたの力を貸してもらえないか」と頼むのです。

すると、部下も引き受けてくれます。「相談されるくらいだから、自分を頼っているんだ、手伝ってもいいか」と思うのです。

このように、人間関係が良好でない部下に対しては、**「最初は相談」「その後頼む」というたった二段階の流れをとるようにする**のです。

たいして時間はかかりません。一度目は**「頼む」のではなく、「相談」に変えるだけ**です。人間関係が悪い部下も話を聞いて手伝ってくれます。

何度も相談していくうちに部下のリーダーに対する対応が変わってきます。忙しくても積極的に案件を引き受けてくれるようになるのです。

ポイント

「頼む」を「相談」へ変えるだけ。部下との関係は良好になる

21

◁ メンタルが弱く落ち込んでいる部下に対して、どう声をかけていいかわからない

「継続・改善・挑戦フレーズ」でメンタルをすぐに回復させる

× ただ慰める

○ 一緒に悔しがって振り返る

広告会社の課長職であるリーダーAさんから受けた相談の話です。

Aさんの部下Cさんは、ある仕事を受注できれば一気に売上目標を達成できるので、コンペの前の1週間は毎日終電で帰るほど、時間をかけて準備していました。

しかし、残念ながらコンペは負けてしまいました。

翌日になっても落ち込んでいました。

昭和のリーダーだったら、「何くよくよしているんだ」と、次に向かわせようとしますが、人は時間をかけて頑張ったことに対して、割り切るのは難しいものです。

ただ、「次に向かえ」という言い方では、「失敗したけど頑張った」というプロセスを評価していないからです。

もちろんプロセスを褒める必要はありませんが、プロセスに対してねぎらうことが必要です。

リーダーAさんは、×**「たまたまタイミングが悪かっただけだろう」「切り替えて頑張れ」**と励まします。平成型の「慰めて励ます」というやり方です。

しかし、「元気になるかな」と思いきや、「そうは言いますけど……」と落ち込み続けています。

人は多くの時間をかけて取り組んだことに失敗すると、費やした時間の分だけ、大きく落ち込む傾向にあります。そのような状況で「気にするな」と言ってしまうと、「この人はわかってないな」という気持ちにさせるだけです。うわべだけの励ましは意味がありません。

成功するための具体策を一緒に考える

では、部下が失敗して落ち込んでしまった場合は、どのような言葉がけをすればいいでしょうか。

この場合は「頑張っていたのに残念だったな。悔しいな」と部下の気持ちに寄り添った言葉をかけるようにしましょう。

特にメンタルが弱い人は、「1度の失敗を必要以上に深刻に考えてしまう傾向」があります。

「もうチャンスはもらえないかもしれない」

「俺ってなんてダメなんだ……」

私自身がかつて大事なプレゼンで失敗したときも、このように落ち込んだことがあります。

部下が落ち込みから回復するには、結果を出させることです。

励ましても、結果が出なければ解決につながりません。

次回以降結果を出すために行動していく必要があります。

部下の気分を落ち着かせた後、**「相手はどの部分を求めていたのだろうか。次は結果が**

出せるように振り返ってみようか」と、言葉をかけるのです。

そこでその際、過去の経験を踏まえて、Aさんには「KPT」というフレームワークを使ってアドバイスをするように伝えました。「KPT」とは、「Keep（継続すること）」「Problem（改善すべきこと）」「Try（新たに挑戦すること）」の3つの要素から、次にどう取り組んでいくかを振り返るものです。

…KPTを使って分析する

当然、今回のプレゼンでも準備を含めてよかった点はあるかと思います。

まず、**「Keep（継続すること）」**を書き出します。

メンタルが弱い部下は何かダメな部分があると、それを必要以上に拡大解釈してしまうことがあります。よって、このよかった部分を必ず抽出する必要があります。この順番は間違ってはなりません。何かうまくいかないことがあると、つい「改善点」を探すところから始めてしまいがちですが、よりマイナスのスパイラルに陥る可能性があります。

そのうえで、次に**「Problem（改善すべきこと）」**を書き出します。

この場合、ダメ出しが目的ではないので、ここで部下を攻撃してはいけません。

ここで攻撃してしまうと、部下はリーダーに怒られない範囲の話しかしなくなります。うわべだけ取り繕おうとします。

部下が話しやすいように、「そうだったか」「確かにね」と話を受け止めながら聞くようにしましょう。

部下の心理的安全性を確保して、すべて出し切ってもらうようにするのです。出し切らないと、本当の改善点が見つからず、うわべだけの振り返りになってしまいます。

最後に、**「Ｔｒｙ（新たに挑戦すること）」**を書き出してもらいます。

ここでは、次回のプレゼンの際に注意すべきことを部下に出してもらいます。アドバイスをしていくのもいいでしょう。

このＴの部分が何よりも大切なノウハウなので、次回、必ず実行してもらいます。

すべて終わったら、ＫＰＴをフレーズにまとめます。

「プロジェクト残念だったな。次は結果が出せるように振り返ってみようか。**今回やって**

みてよかったことは何かな？（K）」「改善したほうがいいのはどの点かな？（P）」「では次回から新たにやっていくのは？（T）」

このようにKPTを使って分析し、Tの部分をきちんと実行することで、前向きに取り組んでいけるようになるのです。

ポイント

これまでのよかった部分を抽出し、次にどう取り組んでいくのかを一緒に振り返る

22

◁ 部下によってコミュニケーションが偏ってしまい、相談にめったに来ない部下がどう思っているか心配だ

会話の少ない部下には、挨拶を心がける

✕ 近況を聞く

○ 仕事に関する雑談をする

リーダーにとって、大切な仕事の一つである部下とのコミュニケーションですが、なかなか難しいものです。

あの部下とはコミュニケーションをとっているけれど、別の部下とはほとんど話していないといった、コミュニケーションの量の違いが、部下からすると、不平等に感じることもあります。

大手流通会社でバイヤーをしているリーダーAさんには、Cさんという一日に何度も相談に来る入社2年目の部下がいました。モチベーションも高く、AさんとしてはCさんに大きな期待を持っていました。

相談に来る前にきちんと準備もしてくるので、Aさんも熱心に対応します。ただ1つ問題がありました。

熱心に対応するがあまり、Cさんだけに多くの時間を取られてしまっていたのです。

もちろん相談に来るCさんには何の問題もありません。

真面目で相談に来るのはいいことですし、リーダーAさんもやりがいがあるでしょう。

2年目だし、まだまだわからないことにぶつかることも多いかと思います。

ここでの問題は、一部の部下が相談に来ないということです。

もちろん、相談に来なくても自分で判断できて高いパフォーマンスを上げている部下もいます。「部下が相談に来ればいいのでは?」と思ったリーダーの方もいるかもしれませんが、性格上コミュニケーションが苦手な部下もいます。

リーダーはある特定の部下ばかりに時間を使うのではなく、平等に対応するように心がける必要があります。

このケースで熱心なCさんとのコミュニケーションがいささか多くなるのは仕方ないにしても、他の部下とも意識してコミュニケーションをとる必要があるのです。

答えに窮する聞き方になっていないか

ただし、注意しておきたいのが部下への言葉のかけ方です。

ここで使ってしまいがちなのが、**「最近どう？」**×という聞き方です。

一見、気を使った聞き方のように見えますが、非常に答えづらい質問です。

この質問をすると、「頑張ってます」とか、ふわっとした一往復しか会話が続かない答えしか返ってきません。

仮に困ったことがあっても部下は相談してこないでしょう。

部下に言葉をかけるときは、質問の範囲を限定したうえで、「大丈夫です」「問題ありません」という回答ができない聞き方をすることです。

「A社のコンペの件だけど、**ポイントはどこにあると思う？**」
「来週の月例会議で発表する企画の件だけど、**今どこまで進んでいる？**」
このような聞き方をすれば、部下も答えてきます。

コミュニケーションが一部の人に偏ってしまうリーダーは、次の2つのポイントも意識するようにしてください。

1…› 相談に来た場合、最初に時間を区切る

よく相談に来る部下とはつい話が長くなってしまいがちです。何かを相談されたら「今ちょっと忙しいけど、16時から15分くらい時間が取れるよ」と伝え、15分でしっかり切る。そのうえで、「じゃあ、この辺で」と終了させる。このようにすることで話を聞いてもらえたという満足感・納得感が得られます。

これが何も時間制限しないで、部下が話しているときに「あ、そろそろ終わりにするか」と中断すると、最後まで聞いてもらえなかったという不満が残ります。

2 部下の挨拶にきちんと反応する

なかなか相談に来ない部下に対しては、相手の名前を呼んで、「おはよう!」「お疲れさま」と挨拶をきちんとしていくだけで、部下は存在承認の欲求が満たされ、リーダーに相談しやすくなります。また**部下に挨拶されたら、反応すること**です。

なぜ、こんな当たり前のことを書くのか。挨拶がしっかりしていた印象のリーダーのチームは業績がよく、また活気があることが多いからです。

部下はリーダーの反応に必要以上に敏感です。きちんと挨拶を返さないことで、リーダーが私のことを怒っているのではないか、あるいは無視されていると感じてしまう可能性が高いのです。

忙しくて挨拶に反応できない場合は仕方ないかもしれません。しかし、イライラしている、面倒くさいなどの理由で挨拶を返さないのはよくありません。「お疲れさま」のひと言、ほんの1秒ほどです。この1秒をけちって部下のモチベーションを下げてしまうのはもったいないことです。

このようになかなか相談に来ない部下に対して、**意識してコミュニケーションをとることで、話しやすい雰囲気が生まれ、部下から相談に来る**ようになったのです。

ポイント

相談に来ない部下に非はない。平等に対応するように心がけて挨拶をしっかりし、また、挨拶にしっかり反応することが大事

23

◁ 年上部下に揚げ足をとられることが多くて困っている

年上部下は頼られることで大きな戦力に生まれ変わる

✕ 部下の意見を否定ととらえる

〇 部下の意見に感謝する

年功序列制度を採用している会社が減ってきており、雇用の流動化が進んだ今では、年上の部下を持つ年下のリーダーが増えてきました。エン・ジャパン株式会社の調べによると、30代から50代のミドル世代の転職した人の66％が年下の上司の下で働いたことがあるそうです。

上場しているＩＴ企業の新商品企画部の管理職Ａさんは、新人の頃から活躍して社長賞を受賞、入社４年目でリーダーに抜擢されました。これは異例の抜擢で最年少管理職です。

年下上司の中には、年上の部下を敬遠する人がいます。しかし、**年上の部下はきちんと向き合ってコミュニケーションをとることでむしろ大きな戦力になります。**

Ａさんのチームには、パフォーマンスはいいのですが、細かいところまで指摘してきて揚げ足どりをする年上部下Ｃさんがいます。あるとき、「来期にリリースしたいサービスの企画案を10件作成してほしい」と伝えました。それに対して、Ｃさんは、「数だけ追えばいいのですか」と意見します。

年上部下Ｃさんの言っていることはもっともなのですが、わざわざ皆の前で言う必要もありません。本人としてはリーダーに対して反発しているつもりはありませんが、誤解を招く可能性があります。

このような年上部下Ｃさんを疎ましいと思うリーダーの方もいるかもしれませんが、Ｃさんは味方にすると心強い存在なのです。それどころか大きな戦力になってくれます。

その一方で、年上部下との関係が悪くなると、チームとしては大きなマイナスです。

年上部下との関係を良好にできるかどうかで、チームが180度変わると言っても過言ではありません。

また、年下上司の下に経験も知識も豊富な年上部下が配属されるという人事は、非常に多くの会社であることです。

年上部下に悩んでいるリーダーは多い

私のところには、年上部下に対して、どのように対応したらいいかという相談が多くきます。年上部下との関係に悩むリーダーは多いのです。

年上部下がうまく動いてくれると、リーダーの仕事時間の短縮につながります。なぜなら、経験に基づいて仕事の時間を短縮する方法をアドバイスしてくれたり、リーダーと部下の間に入って、部下を指導してくれたりすることもあるからです。

リーダーが100％正しいわけではありません。それに対して、助言をしてくれる年上の部下はありがたいものです。この年上部下のおかげで、仕事も効率化できるわけです。

私は「時短」という観点からも、年上の部下には意見を出してもらうべきだと伝えています。

よって辛口の意見が出てきた場合は、否定的な解釈をするのではなく、**「意見を出してくれている」と肯定的な解釈をする**ようにすべきです。

年上部下が耳の痛いことを言ってきたら、×**「それはわかりますけど、まずは自分の仕事をきちんとやってください」**と言い返すのではなく、○**「アドバイス、ありがとうございます」**と言って、発言に感謝の意を示します。その意見を受け入れるかどうかは別問題でかまいません。

「Cさんにはどんどん意見を言っていただきたいんです。私はCさんのような経験豊富な方の力を必要としています」と伝えれば、年上の部下はリーダーのために動いてくれるようになります。

年上部下は頼られたがっているのです。年上部下はあまり褒められることがありません。どちらかというと腫れ物のような扱いを受けがちです。

これは本人も気づいています。

居場所もありません。認められたがっています。

他の部下との「橋渡し役」をお願いするのもいいでしょう。

「忌憚のない意見をどんどん言ってください」と、単刀直入に伝えましょう。

業務によっては、メンバーはリーダーに言われるより、同じプレイヤーである先輩に言われたほうが納得感を得られるという声もあります。

年上部下は、頼られると、たいてい「よしわかった」と力になってくれます。

年上部下からすると、仕事を頼んでくるときだけ調子がいいなとは思いません。**「頼られていること」を嬉しく感じる**のです。

年上部下は自分の上に年下上司が来ることで、自分の存在が邪魔だとないがしろにされるのではないかという不安を感じています。居場所がなくなるかもしれないと脅威をいだいています。

そんなドキドキを隠しながら、軽く見られないようにと虚勢を張っているだけです。

反発してくる年上部下は、虚勢を張っているだけで自分の居場所を確保したいだけです。

本当は何か貢献したいと思っているのに、やや年下上司には素直になれなく不器用なだけです。ですから、リーダーのほうから歩み寄り、立場を慮《おもんぱか》りながら対応していくのです。

ポイント

年上部下も内心は不安。時に厳しい意見でも感謝の気持ちを持とう

24

◁ 言うことを聞かない部下に手を焼いています

ゴールの方向性を示し、答えを出すように仕向ける

✕ 意見を聞くメリットを伝える

○ 意見を聞かないデメリットを実感させる

- 方向性が間違っていて仕事がうまくいっていないが、人から指図を受けたくない
- 自分に自信を持っているのか、こだわりがあるのか、やり方を曲げない
- アドバイスに対して、時に感情的になって反論してくる

このような言うことを聞かない部下を正しい方向に導くには、どのようにしたらいいでしょうか。

年商数十億円のIT企業のプロモーション企画部に所属しているCさんは、資料作成に時間をかけている割には、社内の企画会議で自身の企画が通ることはありませんでした。「もう少し工夫すれば、短い時間で説得力のある資料ができるのに」と、リーダーAさんは思っていました。

しかし、Cさんは人の意見を聞かず、自分の中で持っている答えを変えようとしなかったのです。こだわりに固執しており、決定権者が何を求めているのかも把握できていなかったので焦点がズレていました。

そこで、リーダーAさんはズレをなくすために、×**「こうすれば企画は通るよ」**と解決策を教えました。

しかし、Cさんは直そうとしませんでした。

人から言われて動くのに抵抗があったからです。

⋮➔ アドバイスを聞くように仕向ける

このケースでは、**部下に意見を聞かないことのデメリットを感じてもらえばいい**のです。

さっそくAさんは○**「どうしたら企画が通ると思う?」**と、Cさんが自ら考えて答えを出すように導きました。

案の定、Cさんには答えが見つかりませんでした。

答えが見つからないのは当然です。

企画がどうしたら通るかのゴールが見えていないからです。仮に自分で導き出してもズレた答えが出てくるだけです。

Cさんも意見を聞かないことのデメリットを感じたようで、その後、「どうしたら企画が通るのですか?」と聞いてきました。


そこでAさんは、「決定権者は投資額と収益見込み、予想される最大のリスクのエビデンスがしっかりした数値を必要としている。それが企画が通るポイントだよ」と、アドバイスを与えました。

Cさんはそのアドバイスに従ったことで、ポイントから外れた企画を提案することがなくなり、企画が通るようになったのです。

さらには時間をかけるべき重要な部分がどこかわかったことで、残業が減ったうえに仕事のパフォーマンスもよくなったのです。

誰にも聞かずに1人で仕事をしようとすることで、どれだけのデメリットがあるかを痛感したCさんは、今では「ニーズのズレた提案をしても意味がないぞ。先輩の言うことを聞いたほうがいいぞ」が後輩への口グセになっています。

言うことを聞かない部下には、メリットを伝えるのではなく、**意見を聞かないことのデメリットを感じてもらう**のです。そうすることで、自分から変化するようになっていくのです。

ポイント

自分で考えてもらうことで、意見を聞くことの大切さを気づかせる

25

◁ リーダーの許可なく勝手に動いた結果、失敗。怒っていいのだろうか？

「残念」「悲しい」気持ちを伝えることで悪いことをしたと感じてもらう

✕ 怒る

○ 気持ちを伝える

報告なく勝手に仕事を進めている部下はリーダーにとって心配の種です。見えないところでトラブルが起きるのは嫌なものです。

リーダーの知らないところで何か起こったとき、リーダーの存在意義や評価まで下がる可能性があります。

何より勝手に動くのが問題なので、是正させなければなりません。

だからといって、「今何をやっているの?」と尋問するのもナンセンスです。問題が起きるのは望ましいことではありませんが、問題が起きてしまったときは、部下の動きを是正するチャンスともいえます。

どのように対応したらいいのでしょうか。

大手旅行会社の営業部に所属するCさんは、大口顧客のEさんからホテルのバンケットルームの予約を引き受けましたが、その日は神戸市内でシンポジウムが開かれており、市内のどの会場も予約が取れませんでした。

Eさんはスピードを重視する人であり、そのうえCさんに「御社は無理を聞いてくれるから助かるよ」と常々言っています。

そこで、Cさんは周辺地域のホテルを探すように手配課に頼みます。

このとき、問題だったのはCさんの上司、手配課の上司を飛び越えて手配課のメンバーに「急いで探してくれ」と頼んだことです。

このようにリーダーに相談なく進めて、後に問題になる仕事として、「自分では決裁できない仕事」「たくさんの人員を動かす仕事」「部署を飛び越えて要請する越権行為」などがあります。
なぜ、このように勝手に進める部下がいるのでしょうか。

叱るリーダーであれ

Cさんのような勝手に判断する部下は、一番大切なのはお客様で、スピードを重視しているのだから、いちいちリーダーに相談するのは時間の無駄だ、それより急いで見つけなくてはならないと思っています。

このタイプの部下に対しては、第1章の中間報告に来ない部下に対するのと同じように、「相談してくれればこんな対応ができたのに」と、**相談に来るメリットを伝える**必要があります。

しかし、その前に必要なことがあります。

「報告に来なかったこと」を叱る必要があります。

そうでないと他の部下にしめしがつきません。

Cさんが叱られなかったら、他のメンバーが同じことをやる可能性がありますし、そこで叱ったら、不平等と感じます。

…＞「怒り」より「悲しさ」で伝える

この場合、**「相談なしで動くのはルール違反」**と怒るのではあまり効果がないでしょう。

特に、仕事のできる部下は「注意されてしまった」くらいにしか考えないでしょう。

ポイントとしては、「勝手にやって申し訳なかったな」という気持ちにさせることです。

「Cさんのことを信頼していたのに。（報告してくれないなんて）**残念だよ。Cさんがリーダーで同じことをされたらどう思う？**」と伝えます。

報告に来てくれないという怒りの裏側には本来、相手にわかってほしい、悲しい、辛い、寂しい、悔しい、不安、心配、困惑といった感情が潜んでいるのです。

しかし、怒り自体がとても強い感情であるために、そこに潜む感情にはなかなか気づくことができません。自分自身も気づかないうちに、怒りに姿を変えてあふれてしまうのです。そうなると、相手には本来わかってほしかった気持ちが伝わりません。

いわゆる怒りばかりが表面に出てしまい、部下からすると「怒られている」としか感じられず、その裏にあるリーダーの思いが見えないのです。

ですから、**報告せず勝手に進めたことが残念だったと伝える**のです。このように伝えることで、Cさんのような勝手に判断する部下はリーダーに黙ってやったのは悪かったなと反省します。

その後、Cさんは自分の権限を越える業務の場合は、前もって報告に来るようになりました。リーダーも余計な心配をしなくてよくなったうえに他部署との関係も良好になり、困ったときにも迅速な対応をしてくれるようになったのです。

この「勝手に動く問題」は、人間関係がしっかりすれば解決できます。そのためには、「信頼している」ということを部下にわかってもらう必要があります。叱るときも、単に怒るのではなく、**「リーダーの期待を裏切ってしまい悪いことをしたな」と思わせるような叱り方をする**のです。

ポイント

リーダー自身の気持ちを伝えることで、部下に反省させる

26

もっと主体的に動いてもらうために、どうすればいいのか？

支配型リーダーから支援型リーダーへシフトする

× 全面的に任せる
○ 時に仕事を取り上げる

指示した仕事をしっかりやってくれてありがたいのですが、もっと部下に主体的に動いてもらいたいと思うことはありませんか。

大手サービス業の商品企画部のリーダーAさんは個人の実績は抜群で、皆から尊敬されており、部下にどんどん指示を出していく「支配型リーダーシップ」をとっていました。

支配型リーダーは、リーダー自身が主役であり、部下は指示・命令通りに動くべきと考えています。どんどん指示・命令を出して部下を動かします。部下にとっては動きやすいのですが、言われたことしかやらない部下が出てくることが多くあります。

Aさんは部下にもっと仕事を任せていかないと部下が成長しないので、上長から「改めるように」と言われたとのことで、私の研修に参加されました。

私は「支援型リーダーシップ」を推奨しました。

「支援型リーダーシップ」は、いわゆるサーバント・リーダーシップです。

「サーバント・リーダーシップ」とは、部下たち一人一人の自主性を重んじつつ、成長を促すリーダーシップです。

部下が主役であり、リーダーは補佐的な役割を果たします。部下がタレントであり、リーダーはプロデューサーといった位置づけです。支配型はリーダーが主役なので、正反対の考え方です。

支援型は部下に奉仕するという方法をとることで、部下は「仕事を任せてもらえている」とリーダーに感謝の念を持ち、リーダーに貢献するようになるのです。

そのためには、**できる限りリーダー自身が主体となって動く業務を減らすこと**です。極力、部下に仕事を振っていきます。リーダーは、プレイヤーとしての仕事が少なければ少ないほどいいのです。部下に「補佐するから主体となって動いてよ」と伝えて、**「できるだけ『自分で動かない』を意識してください」**と、リーダーのAさんにアドバイスしました。

ただ、「任せる」はリーダーのAさんもすでに取り組んでいたのです。

先日もAさんは言われたことはきちんとこなすので安心して任せられる部下Cさんに、今回は主体的に仕事に取り組んでほしいと、来年度の商品ラインナップの企画を作成してもらうことにしました。

その際、Cさんに主体的に動いてもらおうと、**「Cさんの好きなようにしていいよ」**と全面的に任せました。

しかし、Cさんにその後どうなったかを聞くと、残念ながらCさんは自分で主体的に企画を進めることができず、結局は企画が完成しなかったそうです。

部下の補佐に回るだけでは駄目

この場合、なぜCさんは主体的に企画を進めることができなかったのでしょうか。

じつは支援型は誤解を生みやすいのです。

常に、リーダーが部下の補佐に回るのがいいわけではないのです。

支援型であっても、時に先頭に立って部下を主導する必要があるのです。

たとえば、「来年度の商品ラインナップの企画書をつくって」と漠然と指示するのではなく、「東京オリンピックと結びつく商品」「エコに基づく商品」など大枠を示して指示するのです。

Cさんにとって主体的に動くのは初めてなので、「大枠はこうで……」という指示をつけるべきなのです。

また、仮にCさんがうまくいかない場合、仕事を取り上げます。

リーダーは部下の仕事を奪ってはモチベーションを落としてしまうと感じるかもしれません。部下が主体的に進められないのなら、「**この仕事はCさんに任せるのはまだ早いな。**

私が仕切るから、言ったとおりに動いてくれればいいよ」と奪うのもありです。

ただし、その際はきちんと説明することが条件です。

リーダーが主導で動き、部下に補佐をしてもらいながら、再度、時間をあけずに、主体的に動くチャンスを与えます。

決して仕事を奪ったままにしないことが重要です。仕事を取り上げるのは一定の期間です。

同じ仕事でも主導役と補佐役によって見える景色が異なり、立場を変えることで仕事のヒントが見つかります。

部下が主体となって動く場合は、しっかり支援していけばいいのです。

一見、荒療治のように見えますが、全面的に任せるより、部下の成長スピードは加速していきます。

ポイント

主役と補佐役を交互に経験させることで成長を加速させる

27

◁やらされ感が出ている部下のパフォーマンスが一向に上がらない

自発的に部下を動かすために必要な3つのこと

×その「仕事」をお願いする意味、会社としてのメリットを伝える

○その「人」にお願いする意味、メリットを伝える

ある営業チームのリーダーAさんは、8か月連続で営業目標を達成している部下Cさんに対し、マニュアル改訂の仕事をお願いしました。Cさんのノウハウを他のメンバーにも浸透させたいと思っていたのです。Cさんは現場での仕事が好きで、マニュアル作成の仕事に興味がありません。営業時間をとられてしまうので、むしろ苦痛に思っていました。ミーティングも何度もあり、Cさんにはやらされ感が出ています。

もっと自発的に動いてもらう必要があります。やらされ感を持って仕事をしてもパフォーマンスはよくならないでしょう。

リーダーAさんは研修を通して相談に来たのですが、このようにやらされ感満載の部下はけっこういます。

部下がこのような状態になっている要因としては、次の3つが考えられます。

1…やる必然性を感じられない

Aさんは C さんに対して × **「この仕事をすることでチームの底上げにつながるから」「新入社員の教育に使えるから」「会社の売上アップにつながるから」** といった、会社がプラスになる理由を伝えて仕事をお願いしました。

また、日々その理由を伝え続けたのです。AさんはCさんにこう伝えることで、大切な仕事を任されているとモチベーションが上がり、自発的に動くと思っていたのです。

確かに仕事を頼む理由「WHY」を伝えるのはいいことですが、このケースでは残念ながら部下は変わりません。

このような会社のメリットだけを伝える頼み方だと、Cさんからすると「別に私でなくてもいいのではないか」と思ってしまうのです。

ここでは、「なぜCさんにお願いしたいのか」を伝える必要があります。

このケースでは「Cさんのノウハウをチームに浸透させたいからマニュアルにしてほしいんだ」と伝えます。その他、本人の将来への意向などを聞いて知っていれば、**「Cさんが、将来セールストレーナーになったとき役に立つから」「人事の仕事に興味を持っているから」**など、「その道に近づけるよ」という理由で頼むといいでしょう。

このように、なぜその人に頼むのかを明確にすることで「自分ごと」になります。

❷…› 自由にできる余地がない

細かいところまでリーダーが決めて部下に仕事を任せる場合は、お願いするのは「仕事」ではなく「作業」になってしまいます。

「仕事」と「作業」の違いは、自分の考えを注入して進められるかどうかです。

そこで「仕事」の部分を残します。**「まとめの部分以外は○○さんの考えで進めていいよ」**と、いわゆる自由にやっていい部分、余地を残しておくのです。

3…フィードバックがうまくできていない

部下にとってあまり乗り気でない仕事をお願いするときは、褒めるフィードバックでモチベーションを上げていく方法もいいでしょう。褒めるだけだと部下が育たないということは、本章の「部下の強みを見つけて活かし、現状の問題点をしっかり伝える」で書いていますが、「やらされ感満載の部下」に叱咤激励だけでは逆効果です。

リーダーAさんは部下Cさんに対し、「頑張っているね。引き続きよろしく」と褒めていました。もちろん、リーダーが部下の努力を褒めているのは素晴らしいことです。

しかし、思慮深い部下からすると、「どの部分がよかったのか」、よかった理由を一緒に伝えないと、褒めているのではなくおだてていると思うかもしれません。

褒めるときは、理由もセットで伝える必要があるのです。

この3点を注意したことによって、部下Cさんから「やらされ感」が消え、自発的に取り組むようになったのです。

自発的に取り組むことで、マニュアルの精度も高まったうえに、なんと完成も予定日より1週間も早まったのです。

リーダーはつい「会社のため」「部署のため」という視点で部下に仕事をお願いするかもしれませんが、なかなかそう思い通りにはいきません。部下からすると「なぜ私が」と思うのも仕方ないのかもしれません。

だからこそ**「あなたにやってほしいから」と、その人に頼む理由を明示する必要がある**のです。

ポイント

会社のメリットではなく、部下個人のメリットを伝えて仕事をお願いする

第4章

イマドキ部下に効くリーダーの言葉がけ

28

部下のSNS投稿で負の投稿が目立ち始めたら危険信号!?

◁ 部下のSNSの書き込みが会社に悪影響を与えかねない!?

× SNSをチェックして注意する

○ 本心をチェックして不満を取り除く

株式会社ICT総研の調査（2018年12月）によると、日本におけるSNSの利用者数は7500万人を超えています。日本の人口が約1億2600万人ですから、半数以上の人が何らかのSNSを利用していることになります。

令和の時代において、SNSは無視できない存在です。

便利なSNSですが、使い方によっては問題を生みます。

商品開発の情報が漏れてしまったり、あるいは「今日も遅くまで頑張った～」というポジティブな投稿のつもりが、「ブラック企業ではないか」といったネガティブな印象を与えてしまったりして、人材採用にも悪影響が及ぶことがあります。

従業員が投稿した不適切な記事や動画などが原因となって、企業が倒産や閉店に追い込まれるケースもありえます。

人ごとではありません。SNSガイドラインを作成している企業が増えています。

会社によってはSNSの個人アカウントを管理したり、利用を制限したりしているところもありますが、「公私混同」となるおそれがあるため、限定的に考えざるを得ません。

仮に合理的な制限を加えるとしても、個別にすべての行為を監視することは、会社に過度な負担を強いることとなります。

個人の裁量に任せるしかありませんが、会社の危機管理上、ケアは必要です。

リーダーにとってもSNSは無視できない存在で、✕**「SNSでネガティブな投稿はしないように」**と、負の投稿に対して注意を払うと、プライベートまで監視されていると思われかねません。

先ほどと同じＩＣＴ総研の調査によると、ＳＮＳを利用する理由の上位３つは、「知人の状況を知りたい」が39％、「人とつながっていたい」が36％、「自分の近況を知ってもらいたい」が22％です。

ＳＮＳに投稿する人は、誰かに見てもらいたいと思っています。特に負の投稿を書くのは、現状の不満をわかってほしいという現れです。

この**ＳＮＳへの投稿は、「衝動的」な感情から起きることが多く、部下の本音**なのです。

…› 部下の「頑張っている」投稿は、ネガティブな心を示している

リーダーはこの負の投稿を意識することで、部下の不満や悩みを把握することができます。すぐわかるものならいいのですが、一見すると「頑張っている」ことをアピールするような言葉が不満を表している場合も少なくありません。

ここではどのような投稿が危ないかを示していきます。

①「充実」

ＳＮＳ「今日も遅くまで残業。仕事、充実してるんだよね」

心の声 **「担当している仕事の量が多すぎるんだよ」**

「充実」という言葉は、「リア充」という言葉にあるように無理に自分を奮い立たせている言葉です。「遅く」という言葉も危険です。「仕事が多すぎる。早く帰りたい」と、暗に表しています。**「自分はこれだけ遅くまで残っているんだから」とアピールしたい**のです。何より公開投稿の場合、コンプライアンス違反を指摘される危険性もあります。

②「頑張っている」

SNS「うちの課は頑張っているよ」
心の声 **「他の課はラクしているな」**

「頑張っている」は危険なワードです。
この言葉を投稿したときは、大きな不満を抱えているといえます。
心身を安定させながら頑張っている人は満たされているので、この言葉は投稿しないでしょう。

③「寝てない」

SNS「今週はずっと3時間しか寝てない」

心の声**「私ばかり頑張っているのに認めてもらっていない」**

この言葉を発しているときは、無理に自分を奮い立てています。「心身ともに限界」の状態です。「これだけ頑張っている」と自分に酔っている場合もありますが、心身は疲弊しているので注意が必要です。

④「大変」

SNS「クレームの対応で大変だった」

心の声**「お客様にさんざん怒られて大変だったよ。上司にフォローしてほしかったよ」**

「大変」という言葉は、**「気づいて欲しい、誰かに助けて欲しかった」**との現れです。はっきり「大変」と投稿しているのは、不満がかなり大きくなっている状態です。特に普段あまり愚痴や文句を言わない部下が書いていたら、かなり要注意です。

⑤機密情報を公開する

SNS「この在庫の山、いったいどうするんだろうな」

心の声 **「こんな在庫抱えて、この会社もうヤダ」**

会社の機密情報を投稿するのは、コンプライアンス違反です。

昨今はコンプライアンス違反であることは研修を通して学んでいることが多く、それでも投稿するのはかなり心身が疲れている状態です。もう退職を考えているのかもしれません。

もし、これらの言葉を目にしたら、「ちょっと話そうか」と早急に部下と1対1で面談をして、何に困っているのか、どんな不満があるのかを聞くようにすることです。

たいていは**聞くだけで、不満の芽は摘めます。**

コンプライアンス担当の社員ならまだしもリーダーの場合、「見張る」という感覚だけでは足りません。**負の投稿をする部下の心まで読み解く必要がある**のです。

このように小さな不満の芽を摘んで、部下の不満をなくす対策を取ることができるのも

SNSのメリットです。

部下のSNSで負の投稿が目立ち始めたら、仕事に対するSOSのサインです。むしろ、部下のことを知るチャンスなのです。

①の夜遅くまで残業しているという投稿を見た場合には、「最近夜遅くまで頑張ってくれて本当に感謝している。ただ、あまり遅いのが続くと体調も心配だな」とねぎらいます。

そのうえで、「何が時間を遅くさせているのかな。**改善できないか一緒に考えたい。どんなことでもいいから教えてくれないか**」と本音を言いやすい形で質問します。②〜⑤のケースでも、「何が時間を遅くさせているのかな」という部分を言い換えるだけで適用できます。

部下のプライベートなどを見るのではなく、部下のモチベーションのバロメーターの一つとして見るのがSNSとのつきあい方なのです。

ポイント

SNSは部下の不満を写す鏡。不満をなくすとネガティブにとれる投稿はなくなっていく

29

◁ 改善点を伝えても「わかっています」と言われてしまい、聞き入れてくれない

否定に弱い部下には「褒める」とセットでアドバイスする

× いきなり「問題点」を伝える
○ 褒めてから「改善点」を伝える

「褒められて育つタイプです」「長所を伸ばしてほしい」と自分で言う部下がいます。確かに短所に目をつぶり長所を伸ばすという方法を推奨している人もいます。

けれども長所だけ伸ばす方法では、部下もこのままで大丈夫だろうと「現状満足」「現状維持」になってしまい、部下のためになりません。

せっかくの長所を活かし、部下に成長してもらうためにも、短所をケアしていく必要が

あります。

防御している部下への改善方法

全国に店舗を展開しているスーパーで商品開発部に所属する部下Cさんは、「自分は仕事ができる」と自信満々でした。

基本業務には特に自信を持っていて、短時間でこなすことができます。

いわゆるマニュアル世代ともいえます。

マニュアル世代とは、マニュアル通りに事が運んでいるうちはよいが、不測の事態が起きると臨機応変の対処ができない世代です。

先日Cさんは競合他社の情報を分析し、会議で発表しましたが、もっと掘り下げた分析が必要でした。

自信を持っているのはいいことですが、リーダーからするともっとよくなるのにと思っています。分析の仕方や調査の方法など、もっと学んでほしいところです。

Cさんは、ものすごく自信を持っている半面、否定に弱いという特徴があります。

ゆえに、改善点を言われないように防御しています。

このような部下が改善するにはどうしたらいいのでしょうか。

この場合、最初にいきなり改善点を伝えると、「わかっています」などと言って防御してくる可能性があります。

まずは**「警戒心を解くこと」**が必要です。

最初は「褒めて」、そのうえで改善点を伝えるようにします。

部下が「指摘を受け入れられる態勢をつくってあげる」のです。褒めたうえで弱みの改善のアドバイスをするようにしましょう。

なお、弱みを改善したいときは、×**「○○ができていない」**ではなく、○**「○○ができればもっとよくなるよ」**と未来に向けた言い方にするといいでしょう。

このケースで言うなら、「Cさん、先日の会議の発表だけど、グラフはわかりやすかったよ（褒める）。**○○ができればもっとよくなるよ**」とアドバイスするのです。

部下が成長するには、リーダーは指摘しなくてはなりません。

そのときは嫌がられるかもしれませんが、将来的には感謝されるときが来ます。

リーダーのあなたにも、かつての上司のあの言葉が今の自分をつくったなんてことがあるのではないでしょうか。

部下から、後に感謝されるようなリーダーを目指しましょう。


Cさんはその後、調査の方法を学び、非常に鋭い見解を盛り込んだ報告書を作成できるようになりました。評価も高まり、「あのとき、改善点を指摘してもらえてよかった」と今ではリーダーに感謝しているそうです。

また、自分に足りないところを磨こうとセミナーに積極的に参加し、常に自分を高めることを意識するようになりました。

このように、否定に弱い部下には、いきなり改善点を伝えると落ち込んでしまうので、最初に褒めることで受け入れ態勢をつくるのです。なお、冒頭に褒める育成には疑義を唱えましたが、あくまでも褒めるだけがよくないということなので、ご注意ください。

ポイント

「問題点」を伝えると身がまえる部下には、褒めて防御を解き、そのあとに「改善点」を伝える

30

◁ あきらめが早い部下に
なんとかやりきってもらいたい!

頑張れば到達できる目標で最後までやり切るようにする

✕ 簡単にできる目標を設定する

○ やや困難な目標だけ設定する

リーダーAさんは大きな目標を掲げるのはいいけれど、いつも途中であきらめてしまう3年目の部下Cさんに何とかやり切ってもらう方法がないか悩んでいました。

Cさんは企画部門の仕事で上期に8件の企画を成立させることを「結果目標」、30件の企画を提出することを「プロセス目標」としていました。

上期が終わった時点で、企画成立は2件、企画提出は30件でした。

結果として未達成になったのですが、プロセス目標は達成です。

この場合、プロセス目標は達成しているものの、結果目標が未達成なので、成功ではありません。

もちろん、プロセス目標の達成を評価するのはいいことですが、結果が至らなかったので、下期は修正すべきです。


Aさんは Cさんに対して、上期の振り返りと下期への対策を面談でヒアリングしました。

すると、Cさんはどうやら途中から企画成立の目標をあきらめていたようです。Aさんは「何とか企画提出という×**プロセス目標だけでも達成しよう**」と言って成功体験を得られるようにしようと思っていました。

もちろんプロセスは大切ですが、結果を無視してプロセスだけ達成しようとするのは無意味です。

次回、どうしたらCさんは結果目標をあきらめずに達成できるでしょうか。

このケースでは、結果目標の設定方法に問題があります。

目標設定が間違っている

仕事は難易度に応じて、「安心ゾーン」「挑戦ゾーン」「混乱ゾーン」の3つの領域に分かれます。

「安心ゾーン」に入るのは、現在の能力やスキルでほぼ100％できる領域の仕事です。

次に「挑戦ゾーン」に入るのは、今までのやり方では達成が難しい領域の仕事です。しかし、他の達成できている人に相談して、企画のつくり方を変えたり、時間をもっと費やしたりすればできる領域の仕事です。

最後に「混乱ゾーン」に入るのは、今までのやり方に少し修正を加えたとしても達成が難しい領域の仕事です。企画書を作成する時間がほとんどない場合や、誰も達成していない困難なレベルの仕事がこれに該当します。

今回の企画成立という「結果目標」であれば、「安心ゾーン」に入るのは2件、「挑戦ゾーン」に入るのは少し負荷をかけて4～5件、「混乱ゾーン」に入るのは6件以上です。

部署内で一番企画を成立させた10年目のHさんでも6件でしたから、今回のケースにおいて、Cさんの8件は混乱ゾーンの領域です。

この8件という数字は、限りなく達成困難なものだったのです。


目標を立てるとなると、人はなぜか特大サイズのものを設定しようとします。目標が大きいと気分がいい。目標が大きければ大きいほど、それを想像して逸《はや》る気持ちも大きくなるのです。

「月を狙って撃て。たとえはずれても、近くの星には当たる」という古い格言を信じている人は多いですが、現実はそうはいかないということです。

もちろん、部下ができるだけ大きな目標を達成しようと試みるのは素晴らしいことです。しかし混乱ゾーンの数字に設定すると、挫折して早期にあきらめてしまったり、かえって目標の達成から遠ざかってしまったりする場合もあり、逆効果です。


ですから、部下が「混乱ゾーン」に入るような目標数字を出してきたら、「チャレンジするのはいいこと」とそのままの数字を目標にするのではなく、リーダーは「無理な目標は立てないように」と、少し負荷がかかるけど達成できる「挑戦ゾーン」の範囲の目標数字に修正するようアドバイスする必要があるのです。

そのうえで、企画提出件数という「プロセス目標」については設定するにしても、「これはあくまで目標達成するためのプロセスの数字で、達成しようがしまいが関係ない。**追いかけるのは最終目標だけだ**」と**「プロセス目標」という逃げ道はふさぐ**のです。

なお、「安心ゾーン」に入る結果目標にした場合も、少し負荷がかかる「挑戦ゾーン」の数字に修正するようアドバイスする必要があります。

このように少し負荷をかければできる目標を設定することで、Cさんは次の半期で最後まであきらめずに達成することができました。

目標が困難だと挫折しやすい。目標が簡単だと部下の成長につながらない。**リーダーは目標が達成可能かどうかを見極めて、時には是正指導をしていかなければならない**のです。

ポイント

少し負荷のかかる結果目標を設定し、プロセス目標の逃げ道をつくらない

31

◁ストレス耐性が低くて何か失敗すると休んでしまう部下がいる

すぐ休む部下には、拡大思考を是正させる

× ストレスをゼロにする

○ ストレスを与える

何か失敗すると必要以上に落ち込んだり、ストレスに耐えられなくなって休んでしまう部下に対して、どのように接したらいいか、困っていませんか。

リーダーAさんの部下である入社2年目のCさんは、真面目で必要以上に考え込むところがあり、落ち込みやすい特徴があります。

先日の会議での発表の際には、リスクがどれだけあるか、リスクに対してどう備えてい

るかを聞かれたのですが、質問の想定まで準備しておらず、その場で答えることができませんでした。「準備が足りない」と会議に同席したAさんの上司である本部長Bさんから強い叱責を受けました。

会議終了後、AさんはCさんを元気づけようと「しっかり準備し直して、次回の会議でもう一度発表しよう」と言葉がけします。

それに対してCさんは、「私はダメですね。他の人たちはしっかりできているのに、情けない」と自分を卑下《ひげ》します。

これまでもCさんはミスをして他部署の同僚などから叱責を受けた際に、「こんなこともできないなんて本当に私はダメですね」と落ち込むことがよくありました。

Aさんは「まずいな。いつものパターンだ」と思いました。予想通り、Cさんは必要以上に落ち込み、翌日、体調が悪いと休んでしまいました。

これ以上、Cさんにストレスのかかる仕事を与えて落ち込ませてはいけないと思ったAさんは、✕**「〇〇の業務は大変だからいいよ」**と、失敗する確率の低い簡単な仕事だけを割り振るようにしました。ストレスをゼロにしようとしたのです。

Aさんは C さんを気を使ってこのようにしたのですが、これはいいことではありません。ストレスのかかる仕事を与えないと C さんは成長しません。

また、仕事をしていれば大なり小なりストレスはかかります。「〇〇の業務に挑戦してみよう」と難易度の少し高い仕事をやってもらい、**ストレスと向き合って乗り越えることでストレス耐性を高くしていく必要があります。**

ストレスから逃げていては、いつまでもストレス耐性は低いままで、乗り越えることはできません。C さんにはストレスのかかる仕事を与え続けるべきなのです。

しかし、ストレスを抱えていても、耐性が高くなければ意味がないように思えます。どのようにすれば、ストレス耐性を高めることができるのでしょうか。

…› 挽回は難しくないと伝える

ストレス耐性が低いタイプの人は、起きてしまった問題を必要以上に大きく考えてしまう「拡大思考」を持っている傾向があります。

・一度しかミスをしていないのに、またミスをするのではないかと考える
・会議でのプレゼンがうまくいかないだけなのに、「すべての業務ができない」「自分は仕事ができない」と考えてしまう
・本部長に強く指摘されただけなのに、いろいろな人が自分のことをダメだと思っていると考えてしまう

これらのように、物事を拡大解釈して、深刻に考えてしまいます。
だから落ち込み続けてしまうのです。

このケースでAさんがすべきなのは、Cさんの**拡大思考を是正させ、必要以上に落ち込ませない**ことです。そのうえで、次回に挽回する方法を伝えればよいでしょう。

まずは部下が落ち込むような出来事があったら、**「それはどれだけ起こる確率があるの？」**と言って拡大解釈をしないように話します。

それから、**「〇〇の業務に挑戦してみよう」**と挽回するポイントをアドバイスします。

ここで**大切なのは「ここだけ直せばいいんだよ」「取り返せるよ」と、挽回が難しくないことを強調して伝える**ことです。

ストレス耐性が低い部下は「拡大思考」を是正して、修正するのは難しくないとポイントを伝えてあげるだけで、だいぶ変わっていきます。Aさんは、Cさんに負荷のかかる仕事を再び与えるようになりました。

結果、Cさんは多くの失敗をします。

しかし、リーダーAさんがそのたびに「今回の問題は○○。ここを直せばいいだけだよ」と言って、できるだけ「拡大思考」に陥らないようにしたのです。

こうするうちに、Cさんは前ほど失敗を引きずらなくなりました。

落ち込みやすい部下には、ストレスに免疫がつくような仕事を与える必要があります。大切なのは失敗したときです。必要以上に落ち込まないように、**次回に挽回する方法を伝え、拡大解釈させないようにする**ことなのです。

ポイント

ストレスをかけるのは悪いことではない。必要以上に落ち込まないよう、挽回が難しくないことを強調してアドバイスを

32

◁自分のこと以上にチームのことを考えて動いてほしい

他人ごとから自分ごとに視点を切り替えさせる

× 視座を高める
○ 視点を変える

自分のことしか考えていない部下がいたとしても、自身の目標を達成していれば、リーダーは文句を言えません。

しかし、組織で働く以上、チームのことは意識してほしいものです。

「人のために考えて動ける」組織のほうが強固なチームワークを築けるからです。

大手食品メーカーで働くリーダーAさんは、自分がやると決めた仕事は徹底的にやり抜く職人タイプの部下Cさんに、チームのための仕事をしてもらおうと、「皆の意見をまとめてマーケティング部門へのフィードバックをやってほしい」と伝えました。

しかし、Cさんは「自分の担当以外の仕事をなんでやらなければならないのですか?」と言います。

自分の仕事に没頭したいようでした。

また仕事は時間内にやるべきという考えで、残業することをとても嫌っていました。

仕事はしっかりこなし、パフォーマンスが高いので、実務では何も問題ありません。

そんなCさんに「チーム全体」の意識を持って仕事をしてもらうためにはどうすればいいか、リーダーのAさんは悩んでいました。

Cさんからすると、「チームのために仕事をしてほしい」と言われたところで、それはリーダーの役割ではないかと思うでしょう。

自分の仕事でしっかり成果を出しているので問題はありません。むしろチームには貢献しています。

しかし、**リーダーとしては部下に「部分最適」ではなく「全体最適」を意識してもらいたい**ところです。

そこでリーダーAさんは、**「チームのことを考えて行動すれば、どこが評価のポイントになっているかわかるよ」**とチームのことを考えて動くメリットを伝えます。

チームの業績向上はリーダーが望んでいることです。チームが業績アップするにはどうしたらいいかを知ることで、どんな行動をすればいいかが見えてきます。その行動をとることで評価が上がるわけです。

しかし、Cさんはまるで興味がないようでした。

このケースで大事なのは、Cさんに他のメンバーの目線や立場で物事を考えられるように視点を変えてもらうことです。

たとえば次のように聞くといいでしょう。

「Cさんが若手社員Eさんの立場だったら、今のCさんに教えてもらいたいことがあるんじゃないかな?」

このように**「他人ごと」から「自分ごと」に視点を変える**と、Cさんも動いてくれる可能性が高まります。

その後Cさんは、チームのことを意識することで、より質の高い仕事ができるようになったのです。

メリットを伝えることで動く人もいるでしょう。しかし、評価を気にしないタイプであれば、変わろうとしないでしょう。**メリットを伝えるより視点を変えてもらう、別の視点で考えるように導くこと**です。

ポイント

メリットを伝えて動かそうとするのではなく、視点を変えて考えてもらう

33

◁ 頼まれたら断れない部下の「断ってはいけない」を解放したい

仕事が集中しがちな部下に、「断る」勇気ではなく、「断り方」を教える

✕ 断るように伝える
○ 断り方を教える

大手システム開発会社に勤務する入社2年目でシステムエンジニアのFさんはチームで一番の若手です。

同じ部署の先輩Gさんから大型案件のプロジェクトが3月から始まるので手伝ってほしいと頼まれました。

Fさんは、他にもプロジェクトのメンバーになっていて、仕事を多く抱えていました。特に今回のプロジェクトは変更が多く、今後もかなりの時間を費やす可能性があります。

しかし、先輩の仕事は断りづらく、引き受けました。

真面目な部下ほど、頼まれた仕事を「断ってはいけない」と思っています。

リーダーAさんは、「断ってはいけない」という心理状態から解放してあげようと、×**「断ることは悪くないんだよ」**と伝えましたが、Fさんは変わりません。

直接断るには勇気が必要なので、無理もないでしょう。

…→ DESC法で断り方を教える

この場合、どうしたらFさんは断れるようになるでしょうか。

「相手が気分を害さない断り方」をリーダーがアドバイスすればいいのです。

「アサーション」という、アメリカで生まれた「自分も相手も大切にする」コミュニケーションの手法があります。

断りたいけど、うまく言えそうもないことを伝えようとするときや、自分の気持ちや考えを明確にしてから話す必要があるときなどに役立つスキルです。

このアサーションを活用した方法として、**「DESC法」**があります。

D＝Describe 現在置かれている状況を客観的に**「描写」**する
E＝Explain 状況に対する自分または相手の気持ちを主観的に**「説明」**する
S＝Specify 相手に望む解決策を**「特定の提案」**をする
C＝Choose 相手から同意されたときと、同意されなかったとき、それぞれの場合にどう答えるか**「選択肢」**を考えておく

たとえば、Fさんが多くの仕事を抱えていて、Gさんからの仕事を断る場合は、「DESC法」で次のように対応します。

D 今、○○社のプロジェクトメンバーになっていて時間を取られています。
E 6月までは時間がかかりますので、それ以降でしたらお手伝いできます。
S 7月以降のプロジェクトでしたら私がメンバーになれますので、今回は他の方にお願いしたいと思います。
C （Gさんから「いいよ」と言われた場合）ではよろしくお願いいたします。
（Gさんから「それでは遅い」と言われた場合）ではリーダーに相談してみます。

DESC法では、いきなり相手に意見を言うのではなく、最初にDを使うことによって、現状がこうですねと前提を確認し合うので、相手からはこちらの独りよがりに思われずにすみ、受け入れる準備態勢ができます。

また、Sの特定の提案を相手の状況を鑑みて準備しておけるので、相手に嫌われることもないでしょう。さらには大きくイエスとノーの結果を予測し、両方に対する自分の対応を決めておけるので、相手が断ってきたときに焦らずに対応することができます。

リーダーはこのDESC法に基づいて**「あらかじめシナリオを準備しておけばいいんだよ」**と、部下に教えてあげればいいのです。

勇気を持って部下に断れと言っても、簡単にできません。

DESC法という**実際の「断り方」を教えてあげることで、「断ってはいけない」というブロックをだいぶ解除する**ことはできます。

しかし、この方法ですべて解決できるとは限りません。それでもシナリオを準備しておくことで不安がなくなるでしょう。

シナリオは相手が引き下がらない前提で作成するように伝えます。そうしないと、うまく対応できない状況になった場合、相手に気圧されてしまい、今までと変わらず引き受けてしまうからです。

最初は上手なシナリオを立てられないかもしれません。しかし、できるだけ自分で考えてもらうようにします。

そのうち、シナリオの準備にも慣れ、回数を重ねるごとに、先を読む力が大幅に身につきます。相手の求めているものが何かを把握できるようになるので、部下もだんだんと断り方が上手になっていくのです。

「断る勇気を持て」と言っても難しいので、リーダーは部下に断り方のシナリオを用意しておくように伝えていきましょう。そうすることで、特定の部下に仕事が集中することもなくなっていくのです。

ポイント

「強い意志を持て」と言うのではなく、「断れる」ようになる解決策をアドバイスする

34

◁ 会議で意見を言わない部下に積極的に参加してもらいたい

空気を読みすぎる部下に、正解を求めない

✕ 意見を出しやすい雰囲気にする

○ 奇抜な意見を求める

ここでは、ブレインストーミング会議についてお話しします。

ブレインストーミングとは、集団でアイデアを出す会議です。既存の枠にとらわれず革新的なアイデアを出すために有効な手法と考えられています。略語で「ブレスト」とも呼ばれています。

グローバルに展開しているメーカーの生産管理部のリーダーAさんは、ブレスト会議を

開いても「入社2年目の部下Hさんや新人のIさんが自分の意見を言わない」と悩んでいました。

先日も業務改善に関するブレスト会議を開いたのですが、やはりベテランのCさんやEさんばかりがずっと意見を出していました。

Aさんからすると、CさんやEさんは経験も知識も豊富で普段から業務改善を強く意識しているので、意見は参考になり、助かります。しかし、HさんやIさんのような若手の新鮮な意見も聞きたいものです。

その一方で若手メンバーは、稚拙な意見だと「もっとよく考えて」と言われるのではないかと恐れているのかもしれません。

リーダーAさんは気を使って×**「遠慮しないで何でも自由に言っていいよ」**とHさんやIさんに伝えますが、「大丈夫です」としか言いません。

どのようにすれば、もっと若手部下が積極的に発言するようになるでしょうか。

もちろん若手部下でも積極的に意見を言える人はいますが、否定されると意見を言えないという人も多くいます。

リーダーの反応が大事

ブレスト会議では、できるだけ多くの意見を出し合うことを優先するため、出した人の意見を否定しないルールを設けることがあります。

しかし、出した人の意見が明らかに的外れであったり、根拠が甘かったりした場合、無意識に否定してしまうこともあるでしょう。

「えっ、何この意見？」などと疑問に思ったとき、つい顔に出てしまいます。

リーダーが、意見を出しやすいようにしようとどんなに気を使っても、誰かが顔に出してしまっては、「やはり言わなきゃよかった」と思う部下も出てきます。

そうならないように、リーダーは**「その観点は気づかなかったな」「そういう考え方も面白いね」**という反応を最初にするようにしましょう。部下の出した意見を受け止めるのです。

空気を率先して壊していく

しかし、それでも意見が言えない部下がいます。
リーダー以外の人の顔色まで気にしてしまうのです。
全員が納得してくれないとダメだと考えてしまう、空気を読みすぎる部下がそうです。
必要以上に気を使いすぎてしまっているのです。

決して部下が悪いわけではありません。「最近の若者は積極性に欠ける」というのは間違いです。

むしろ、若手メンバーはアイデアは豊富で言いたいことはあるのです。言っていいと言われても建前だと感じているのです。

ですから、ここは部下が意見を出してきたとき、**「ブレスト会議では奇抜な意見こそ欲しいんだよ」**と言い続けることです。リーダーAさんがこのように伝えることで、他のメンバーも積極的に意見を出すようになりました。

結果、ベテランでは気づけない業務改善のノウハウが見つかるようになったのです。

リーダーは奇抜な意見を出した本人を賞賛し、同時に意見を否定する人から守る必要があります。

そうすることで、意見が活発に出てくるようになり、新しいアイデアも生まれてきます。空気を読まなくていいと率先して壊していくのです。

ポイント

「奇抜な意見を出していいよ」と「許可」するのではなく、「要望」する

35

◁ 次世代リーダーを育成するには？

人材育成のカギは部下に指導を任せること

✕ 指導方針を明確に伝える

○ 指導方針を伝えない

HR総研が2016年2月に実施した「人事の課題に関するアンケート」では、半数以上の人が「次世代リーダー育成」を挙げています。

リーダーであるあなたは、永遠に今と同じ立場ではありません。昇格による異動もあるでしょう。二流のリーダーは、自分がいる間のことだけを意識しますが、**一流のリーダーは、自分がいなくなった後もチームのパフォーマンスがよくなるように考えています。**

ドラッカーも『プロフェッショナルの条件』（上田惇生訳、ダイヤモンド社）において、「明日のマネジメントにあたるべき人間を今日用意しなければならない」と、述べています。

現在の世代は、明日のために次世代のリーダーを育成する必要があります。

人材育成は「任せる」に限る

優秀なプレイヤーがリーダーになって苦労している話をよく耳にします。

プレイヤーとリーダーは仕事内容が全く違うわけですから、一からのスタートです。苦労するのは仕方ありません。


そこでプレイヤーからリーダーに昇格したときにスムーズに仕事を移行できるように、次世代リーダー候補の部下にはマネジャーになる前の「助走期間」を設けておくといいのです。

非公式なナンバー2、マネジャー補佐のような仕事を昇格前に経験してもらうのです。

たとえば、経営会議の資料を一緒に作成したり、あるいは管理職の会議に同席させたりなど、自分のやっている仕事の一部を教えて、手伝ってもらうことです。業務をあらかじめ覚えておくことで、リーダーに昇格した後も、仕事がスムーズにできるようになるでしょうし、俯瞰的な視点で仕事を見られるようになるメリットもあります。

しかし、それ以上にお願いしたいのが人材育成です。リーダーに昇格して一番苦労するのが人材育成だからです。

エースプレイヤーである次世代候補のリーダーは優秀ですから、部下に対して「なぜこんな簡単なことができないのだろう」などと葛藤することも多いでしょう。

その疑似体験として人材育成をしておくのです。

実際に、人材育成で問題になるのが、**「指導の任せ方」**です。

一度、次世代リーダーに指導を任せたら、うまくいっていないなと思ったり、もっとこんなやり方があるのにと思ったりしても、口出ししないで任せたままにすることです。

そうなるのを想定して、×**「このように指導してください」**と方針を明確にすればよいと考えるリーダーが多いのですが、これはよくありません。もちろん、社内や部署のビジョンには従う必要がありますが、他は任せることです。

部下に対して先入観を持たせないこと、エースプレイヤーに自分で考えて部下指導をしてもらうこと。人材育成の大切なポイントです。

人は、100人いれば考え方も100通りあり行動もそれぞれ違います。

将来エースプレイヤーがリーダーになったときには、いろいろなタイプの部下を育成することになります。

人材育成には、数学などのように明確な答えがありません。**「指導方法は任せますよ」**と指導方針を伝えず、部下が困ったら手を差し伸べるという方法がいいのです。

この「試行錯誤」が、次世代リーダーとしての成長につながります。

実際のリーダーに昇格したとき、その効果が表れてくるでしょう。

育成のためにも積極的に「試行錯誤」させていきましょう。

ポイント

次世代リーダーを育成するには、指導方針を伝えず部下の裁量に任せる

第5章

休みを気にする部下に効くリーダーの言葉がけ

36

◁ 時短勤務を気にしている部下の仕事の振り方に悩んでいます

生産性を高めれば、何も気にしなくなる

× 気を使ってお願いする
○ わざと気を使わずにお願いする

子どもを幼稚園に送迎するために、大手メーカーで時短勤務をしているCさんがいます。パフォーマンスはいいのですが、フルタイムで働いている人たちに遠慮しがちです。

リーダーはどんどん仕事を任せたいと思っているのですが、フルタイムの人と同じくらい仕事をしてもらうのは負担になるから難しいだろうと考え、×「**○○さん、お願いしたい仕事あるんだけど、時間ある？　無理のない範囲でいいので**」と言ってしまいます。Cさんは内心ではどんどんキャリアアップしたいと考えていて、時短勤務ではありますが、フ

ルタイムの人と同じように仕事を任せてもらいたいと思っています。
このような時短勤務の部下に対しては、どのように仕事を頼んだらいいでしょうか。

公益財団法人日本生産性本部が発表した「労働生産性の国際比較2016年版」によると、ドイツは日本よりも年間休日数が8日も多いうえに1人当たりの年間総労働時間が約350時間も少なくなっています。その一方で1時間当たりの労働生産性はドイツが65・5ドルなのに対し、日本は42・1ドルと約3分の2です。さらには2018年の世界輸出額国別ランキングによると、ドイツは中国、米国に次ぐ世界第3位の輸出大国です。第4位の日本と比べると、輸出額は2倍以上になります。

いかにドイツの生産性が高いかということです。さらにドイツでは、年次有給休暇が24日付与され、企業によっては30日のところもあります。

一方の日本は総合旅行サイトのエクスペディア・ジャパンが2018年に実施した「世界19ケ国有給休暇・国際比較調査」によると、有休消化率が2年連続で世界最下位になっています。なお、ドイツでは有給休暇と病気での休暇は分かれているので、病気での有休取得をする必要がないそうです。

その他にもフランスでは週35時間制をとっている会社が多く、スウェーデンでは1日6時間制労働も導入しています。フランスでは3週間の休暇も推奨されています。

世界では、日本でいう時短勤務が標準なのです。ドイツとの比較でもそうですが、日本は生産性の低さが問題です。労働時間が長くても生産性が低いのです。むしろ、長すぎて生産性が落ちています。よって、「休む」ことで効率を上げていく必要があるのです。

時短勤務でも扱いを変えない

これからは、生産性を上げて今までより短時間で仕事をしていく必要があります。時短の社員であっても生産性が高ければいいわけです。言い換えると、その時間でのベストパフォーマンスを上げれば問題ないのです。時短勤務であっても、パフォーマンスのいい部下には遠慮せずにどんどん仕事を任せていきましょう。

フルタイムのメンバーに対して遠慮している時短勤務のメンバーには「1時間当たりの生産性」を高めるように導いていけばいいのです。

時短だから仕事の負担を少なくする、責任のある仕事を任せないというのは、気を使っているように見えて部下に不満を持たせてしまうリスクがあります。仕事を任せるときは

「○○さん、この仕事できるよね」と少々負担に思えても普通に頼めばいいのです。

もちろん全員がそうではなく、時短勤務の間はラクな気持ちで仕事をしたいという人もいるでしょう。

仕事に対してどのように考えているかを把握するという意味でも、今後のキャリアプランなどは随時話し合っておく必要があります。

その後、リーダーはフルタイムの社員にしかお願いしていなかった仕事をCさんに任せてみました。すると、Cさんは他の人が3時間かかる仕事を1時間で終わらせてしまいました。無駄な仕事を極力省き、効率性を高めたのです。結果、他のフルタイムのメンバーと変わらない量の仕事をより短時間でこなしたのです。

さらに、Cさんのスキルを他のメンバーが共有するなど、フルタイムのメンバーにもいい意味で刺激になり、チーム全体の生産性がアップする複利効果も得られたのです。

ポイント

時短勤務の人に対しては、生産性で勝負しようと伝える

37

◁ 部下が産休に入る前にすべきことは？

部下が妊娠の報告をしてきたらすぐに制度の説明をしない

✕ 休んでいる期間に限定して話す

〇 長期的なキャリア視点で話す

リーダーAさんは部下から妊娠の報告、および産前産後休業・育児休業の申し出を受けました。特に優秀な部下が長期で休むことになると、チームの戦力がダウンしてしまいます。どのように対応すればよいでしょうか。

三菱UFJリサーチ&コンサルティング株式会社の調査によると、育児に関する制度等で法定を上回る対応を「行っている」企業に対して、女性の仕事と育児の両立を支援するために法定を上回る取組を行う主な目的を尋ねたところ、全体では、「育児中の女性社員の定着率向上」が64・8％でもっとも多く、次いで「全社員が働き方を見直す契機となること」が42・1％となっています。

部下の不安に寄り添う

優秀な部下から妊娠の報告を受けたときは、報告してきた部下とチームの2つの観点から考えていく必要があります。

報告してきた部下に対して、まずは「おめでとう」と伝えますが、すぐに育休制度の説明には入らないことです。

リーダーAさんは×**「休んでいる期間の仕事や働き方を一緒に考えていきましょう」「何か心配なことはない？」**と質問し、話を聞こうとしました。Aさんの面談を受けた部下は、Aさんに対する信頼が増したとのことでした。

報告してきた段階では、本人も今後どのようにすべきかを決めていない可能性があります。いきなり育休制度についての説明をされると、事務的に感じてしまうかもしれません。

そこで本人の悩みや心配を解消したり、不安な気持ちに寄り添ったりするようにします。

リーダーには解決できないこともあるかもしれませんが、仕事に関する解決のヒントは出してあげられるかと思います。こうすることで本人に向けてはもちろん、他の部下にも安心感を与えられます。

その後、Aさんは「これからも、仕事や働き方を一緒に考えていきましょう。気になることがあれば、小さなことでも、まずは相談してください」と今後のことについて提案します。

上司からすると、人員補充や業務分担のこともあるし、できるだけ早めに予定を立てたいという気持ちがあるかもしれませんが、焦って決めないことです。

また、時短勤務をいきなり提案するのもNGです。部下のほうでは、できるだけぎりぎりまで今までと同じように仕事をしていきたいと思っているかもしれません。

一方的に業務を減らしたり、担当者替えを提案したりするのではなく、本人の考えや意向をまず聞き、尊重します。

その際、大切なことがあります。それは相談を休んでいる期間に限定しないことです。

産休後も仕事を続けてくれるかどうかはわかりません。

産休後は辞めようと思っているかもしれませんが、そう思っていても気が変わって産休後、戻って仕事を続けてくれるかもしれません。

産休後の悩みも聞くことで、本音で話してくれます。

一度に何もかも決めるのではなく、面談を継続して徐々に決めていけばいいのです。

そのうえで、チームのために、**「戻ってきてからのことでも不安があれば聞くよ」**と聞いて仕事を共有化し、業務の見直しをしていきましょう。1人の仕事が減ってもチームを適切に運営していくには、先ほどの調査にも出ていましたが、「全社員が働き方を見直す契機」ととらえることです。

部下の心配事に寄り添うことで、業務の状況を把握でき、場合によってはチーム全体の業務の見直しまでできるのです。

ポイント

今後のキャリアプランも含めて相談に乗る

38

◁ 男性部下が育休に入る前にすべきことは？

男性部下が育休の申請をしてきたら認める前に心配事を聞く

✕ 認める
〇 安心感を与える

最近では共働き家庭の増加も手伝って、男性の家事や子育てへの参加意識が高まり、女性だけでなく男性にも育児休業制度を利用する人が増えてきています。厚生労働省は、2020年までに男性の育児休業取得率を13％にする目標を掲げています。

確かに国が定めた制度なので、男性でも育休を取れるように安心して休める環境をつくるべきです。しかし、「男性は仕事に生きるべき。家庭に入るなんて」と眉をひそめるリーダーもいるでしょう。

男性が育児休業制度を利用するのは、女性以上に難しい問題です。

制度を使おうと考えても、自分が休むことで他の誰かに仕事の負担がかからないかと考え、「休むのが怖い」と躊躇《ちゅうちょ》してしまうケースはあります。

一番の懸念は、部下の誰かが休んでも、チームがうまくまわるかどうか。日頃から、リーダーは誰かが休んでも、他の人たちでカバーし合えるようなチームづくりをすることです。

1人休むことで、誰かに仕事の負担がのしかかります。「誰かがいなくなっても（休んでも）人は補充しない」という組織のほうが多いでしょう。

1人当たりの仕事量が増えているのに、育休を取るなんてと躊躇してしまっているわけです。

また、戻った後に不合理な降格や減給、異動などもあるようです。そうはならなくても、何らかの悪影響があるのではないかと考えるのは決して不思議ではありません。

時短で働いている男性に対して、「いつ休むのかわからないから仕事を任せられない」とリーダーが言っているのを研修の際に聞いたこともあります。

男性が育休制度を利用している割合が低い組織では、「パタニティ・ハラスメント」といって、育児のために休暇や時短勤務を希望する男性社員に対して嫌がらせをすることもあるようです。

２０１９年１月に事業主に対してパタハラ（パタニティ・ハラスメントの略称）の防止措置を講じることが義務化されましたが、それが浸透するには時間がかかるかもしれません。また、リーダーに見えないところで別の先輩や別部署の長が差別的な行動をとるかもしれません。

部下の心配を軽減する

育休を申請しようとする男性からすると気がかりなことは多々あります。

リーダーBさんの会社においても、男性に対する育休制度はありましたが、形骸化している状態でした。以前、別の支社において、育休を申請してきた男性部下に対して、リーダーAさんが×**「そういう時代だからね」「夫婦協力は大切だよね」**と認めはしたものの、部下の気持ちに寄り添うことなく対応したことがありました。

結果、申請してきた部下は「やはりいいです」と申請を取り下げてしまい、その後も申請しづらい雰囲気になったことがあったそうです。

今回申請を受けたリーダーBさんはもちろん受け入れたうえに、**「何か気になることはない？」「できるだけ協力はするから」**と話します。部下が申請するのに葛藤を抱えているのではないか、悩みや不安はないかと、申請してきた裏にあるものに意識して目を向けているのです。

心配や不安を、完全に解消することはできないかもしれません。それでも、少しでも心配を軽減しようとしてくれたリーダーに対しては信頼関係が構築されるので、安心して育休を申請できるのです。

ポイント

育休申請をただ許可するだけでなく、その裏側にある心配事や悩みを聞く

39

部下がまとまった休みに入る前にすべきことは？

休みは仕事を整理するチャンス。業務改善の機会ととらえる

× 休むことを認める

○ 業務改善のチャンスと考える

部下が1週間のまとまった有休を申請してきました。

「そんなに休むなんていい身分だな」などと思っているようではリーダー失格です。

リーダーAさんは、**「リフレッシュいいな。有休は権利だからな」**と有休を許可します。

一方のリーダーBさんは、部下Cさんが有休を申請してきたら、**「よし、休みをエンジョイするためにも、どう業務を改善していくかを考えてみようか」**と伝えます。

何もないときに「今、どんな仕事をしているの？　どれくらい時間がかかっているの？」

と聞かれても、なんだか追及されているみたいです。

しかし、「休みをエンジョイするためにも、どう業務を改善していくかを考えてみようか」という言い方で聞かれると、前向きな気持ちになれるでしょう。

不要な業務を整理する

「休む」という話が出てきたら、業務を改善するチャンスです。その機会を逃さず活かしましょう。

休む前に、人は整理します。特に、日本人は勤勉で引継ぎのバトンタッチを必ずしています。

このケースでは、休暇の間に対応する業務の引継ぎをしていきました。その際、一つ一つの業務を確認するなかで「不要な業務」があればやめるように、もっと効率的に進めるやり方があれば試すようにアドバイスしました。

引継ぎ業務についてなので、細かい話までできるうえに、相手に迷惑をかけてしまうので、自分本位の仕事はやめざるを得ない状態です。部下にとっても、改善を受け入れるしかないのです。

特にやることをやっていない部下の多くは、不要な仕事をするのに時間を使ってしまっている可能性があります。自分の時間の使い方のクセや考え方の偏りは言われないと気づけないものです。

他の業務で手一杯になっていて、リーダーからするとやってほしいことにまで手が回らない状態です。

部下自身は大切にしている仕事であっても、リーダーからすると不要な仕事と感じるものも少なくありません。

それに対して、リーダーは俯瞰的な視点で見ることができますし、経験も知識もあるので、気づけるのです。

リーダーBさんは引継ぎの際に、部下Cさんの仕事の中で無駄になっている仕事がないかを一緒に見ていきました。結果、Cさんは無駄なやり方や必要のない仕事をしていたことがわかり、自分から改善しますと言ってきたのです。

それまでCさんはなかなか自分の考えを変えなかったのですが、これを機会に他の人の意見を取り入れるようになり、効率のいい仕事の進め方ができるようになったのです。

長期休暇は部下にリフレッシュしてもらうためにも必要です。しかし、できるリーダーはそれだけにとどめません。
業務の引継ぎをうまく活用し、不要な業務を洗い出し、業務を改善に導いているのです。

ポイント

長期休暇を認めたうえで、業務を改善する方法を一緒に考えて実行する

おわりに

最後までお読みいただき、ありがとうございます。

本書で取り上げた項目は、私が3万人以上のさまざまな業種のリーダーの方と接してきたなかで、出てきた相談や悩みの中でも多いものに絞り込みました。読者の皆さまにも当てはまる内容だと思います。

解決方法も実際に取り組んでいただいたものです。

実行していただければ、必ず部下に変化が出てきます。

「これは取り入れてみよう」と思う事項があれば、ぜひ行動してみてください。

その際、注意していただきたい点があります。

それは、一度に多くのことをやろうとしすぎないことです。

まずは1つに絞って試す。1つがうまくいったら、次にまた1つ試すようにしていきましょう。しかし、このように心がけても、すぐに変わる部下もいれば、なかなか変わらない部下もいます。

変わらない部下に対してもあきらめずに向き合っていけば、必ず変わります。

「1キロの成長」はしてくれなくても、「1ミリの成長」はしてくれます。

小さな成長はなかなか気づけないことが多いのですが、気づいたときには大きな成長になっています。部下が成長することで、リーダーのあなたも成長します。

リーダーの方は、時間がないなかで、部下育成をしなければなりませんが、前向きに考えましょう。部下と向き合う時間をつくることは、後々とてつもないリターンになります。


私には夢があります。

それは、リーダーを明るく元気にすることです。

明るく元気なリーダーが部下を元気にし、社会を明るくするのは間違いありません。

本書をお読みいただいた皆さまが、社会を明るくしてくれることを楽しみにしています。

最後に、本書を執筆するにあたっては、多くの方にお世話になりました。

特に、ダイヤモンド社の武井康一郎さんには、この場を借りて心から感謝を申し上げます。

企画の立案から校正まで、本当に多くの時間を割いていただき、計り知れない量のアドバイスをいただきました。

武井さんの読者目線で徹底的に考える姿勢から、本当に多くのことを学ばせていただきました。朝から夜まで一日中缶詰めで、読者目線で原稿に対するフィードバックをいただいたことは忘れられない思い出です。

研修やコンサルティング、講演などを通してたくさんの問題を一緒に解決した皆さまにも心より感謝申し上げます。

皆さまの行動から得た部下育成のエッセンスのおかげで、日本中の多くのリーダーを救えます。皆さまがいなかったら、この本は生まれていません。

また、執筆中も「次の吉田さんの本はいつ?」「次の本を楽しみにしています」とのお声をいただいたことが本当に励みになりました。

まだお会いしていない読者の皆さまにも、どこかでお会いできることを楽しみにしております。

2020年6月

吉田幸弘

参考文献

- 『感情を整えるアドラーの教え』岩井俊憲著、大和書房
- 『星野リゾートの事件簿』中沢康彦著、日経トップリーダー編、日経BP社
- 『「先延ばし」にしない技術』イ・ミンギュ著、吉川南訳、サンマーク出版
- 『Finish! 必ず最後までやり切る人になる最強の方法』ジョン・エイカフ著、花塚恵訳、ダイヤモンド社
- 『マンガでやさしくわかるアンガーマネジメント』戸田久実著、葛城かえでシナリオ制作、柾朱鷺作画、日本能率協会マネジメントセンター
- 『サーバントリーダーシップ』ロバート・K・グリーンリーフ著、金井壽宏監訳、金井真弓訳、英治出版
- 『40代からの勉強法&記憶術』碓井孝介著、PHP研究所
- 『改訂版　アサーション・トレーニング』平木典子著、日本・精神技術研究所
- 『やり抜く人の9つの習慣』ハイディ・グラント・ハルバーソン著、林田レジリ浩文訳、ディスカヴァー・トゥエンティワン

[著者]
吉田幸弘（よしだ・ゆきひろ）
リフレッシュコミュニケーションズ代表
コミュニケーションデザイナー・人材育成コンサルタント・リーダー向けコーチ
成城大学卒業後、大手旅行会社を経て学校法人へ転職。1年間で70件以上の新規開拓をし、広報リーダーになるも、「怒ってばかりの不器用なコミュニケーション」でチームをガタガタにしてしまう。その結果、職場を去らなければならない羽目になり、外資系専門商社に転職。転職後も、周囲のメンバーとうまくコミュニケーションが取れず、降格人事を経験し、クビ寸前の状態になる。その後、異動先で出会った上司より「伝え方」の大切さを教わり、ポイントを絞ってわかりやすく伝える方法を駆使し、営業成績を劇的に改善。5か月連続営業成績トップになり、マネジャーに再昇格。コーチングの手法を用いた「部下を承認するマネジメント」及び中国古典をベースにした「ストレス耐性力アップ術」により、離職率をそれまでの10分の1にし、売上も前年比20％増を続け、3年連続MVPに選ばれる。そして、社外でもコンサルタントとして活動し、クライアント数が増えてきたため、2011年1月に独立。現在は経営者・中間管理職向けに、人材育成、チームビルディング、売上改善の方法を中心としたコンサルティング活動を行ない、累計受講者数は3万人を超える。「管理職研修」をはじめ、「営業力アップセミナー」「褒め方・叱り方・伝え方をベースにしたコミュニケーションセミナー」「モチベーションアップセミナー」「アンガーマネジメントの理論をベースにした感情マネジメントセミナー」「リーダーの総合力をアップするリーダー塾」などを主催。著書にロングセラーとなっている『リーダーの一流、二流、三流』（明日香出版社）などがある。

どう伝えればわかってもらえるのか？ 部下に届く 言葉がけの正解

2020年 6 月10日　第 1 刷発行

著　者——吉田幸弘
発行所——ダイヤモンド社
〒150-8409　東京都渋谷区神宮前6-12-17
https://www.diamond.co.jp/
電話／03･5778･7233（編集）　03･5778･7240（販売）
カバーデザイン—三森健太(JUNGLE)
本文デザイン—大谷昌稔
製作進行——ダイヤモンド・グラフィック社
印刷・製本—勇進印刷
編集担当——武井康一郎

©2020 Yukihiro Yoshida
ISBN 978-4-478-11011-9
落丁・乱丁本はお手数ですが小社営業局宛にお送りください。送料小社負担にてお取替えいたします。但し、古書店で購入されたものについてはお取替えできません。
無断転載・複製を禁ず
Printed in Japan